EINE

BOHNE

· RETTET DIE WELT ·

MATTHIAS KRÖN

EINE
BOHNE

· RETTET DIE WELT ·

Warum die
Billigfleisch-Ära
zu Ende geht und
was Soja damit
zu tun hat

ecoWIN

1. Auflage
© 2022 Ecowin Verlag bei Benevento Publishing Salzburg – München,
eine Marke der Red Bull Media House GmbH, Wals bei Salzburg

Medieninhaber, Verleger und Herausgeber:
Red Bull Media House GmbH
Oberst-Lepperdinger-Straße 11–15
5071 Wals bei Salzburg, Österreich

Gestaltung: wir sind artisten
Lektorat: Dr. Elisabeth Skardarasy
Illustrationen: Claudia Meitert/Agentur für visuelle Kommunikation,
NIKCOA/Shutterstock.com
Coverfotos: © StockFood/Lerner, Danny,
MRS.Siwaporn/Shutterstock.com, phive/Shutterstock.com
Printed by Finidr, Czech Republic

ISBN 978-3-7110-0314-0

Anmerkung zum sprachlichen Gebrauch:
Sowohl für die Sojabohne als auch für alle anderen in diesem Text auftretenden
Akteure wird nach ästhetischem und gesellschaftspolitischem Ermessen des Autors
in Abwechslung das weibliche, sächliche oder männliche Geschlecht verwendet.

INHALT

Quartin der sieben Stufen

Bohnen köcheln zu Brühe
Stängel und Hülsen knistern im Feuer
Im Topf klagen die Bohnen. Auch ich klage
Bruder, warum willst du mich rösten?

Cao Zhi

Stellen Sie sich vor, Sie fahren mit dem Fahrrad die Donau entlang. Auf der einen Seite fließt der Ihnen vertraute Strom, auf der anderen erheben sich Weinberge, liegen Wiesen oder weite Felder. Im Sommer erkennen Sie, was dort wächst: den hochgewachsenen Mais, den gelb blühenden Raps, den wogenden Roggen. Manchmal sehen Sie aber nur ein Feld voller grüner Pflanzen und vermutlich machen Sie sich keine weiteren Gedanken. Dass es die Sojabohne ist, die da gedeiht, allseits bekannt und die große Zukunftshoffnung für die Wende hin zu einer klimafreundlichen Nahrungsmittelproduktion, daran denken Sie vermutlich nicht. Sie ist das Grundprodukt für Sojasauce oder Miso-Suppe, für Tofu und viele Alternativen zu Fleisch. Genau hinzuschauen, lohnt sich. Denn was hier entlang der Donau, aber auch an vielen anderen Orten wächst, ist gar nicht so selten Soja, das aus unserer Landwirtschaft nicht mehr wegzudenken ist.

Über viele Jahre meines Berufslebens hinweg habe ich Abläufe, Entwicklungen und Zusammenhänge unserer Ernährungsweise verstehen gelernt. Es war eine Reise von tausenden Kilometern quer über den Globus, mit vielen Überraschungen und großen Entdeckungen. Ich lade Sie mit diesem Buch ein, noch einmal mit mir an diese Orte zu reisen, andere Arten des Nahrungsmittelproduzierens und der Ernährung kennenzulernen und meine Erlebnisse zu teilen. Eines vorweg: Es wird ein Abenteuer mit überraschenden Erkenntnissen, faszinierenden Begegnungen und Experimenten mit noch offenem Ausgang. In dieser Geschichte geht es um die Sojabohne, aber auch um nichts Geringeres als um unsere Welt. Da es bekanntlich keinen Planeten B gibt, beschäftigen wir uns mit dem Planeten, den wir haben. Mein Anliegen ist es, zu zeigen, dass Soja aus Europa ein wesentlicher Schlüssel zur Bewältigung des Klimawandels sein kann. Einfach wird der Weg dorthin nicht, spannend allemal ...

KAPITEL 1

SALZBURG – ERNÄHRUNG

1. Darf's ein bisserl mehr sein?

Was ich mit hundert Schilling einkaufen konnte

In meiner Salzburger Wiege lag gewiss keine Sojabohne. Wenn ich mich an meine Kindheit erinnere, denke ich oft an meine Großmutter väterlicherseits, die in unserem Haus die untere Wohnung bewohnte. In ihrer Generation gab es noch diese Angst vor einem Mangel an Nahrung und Hunger. Vorratshaltung und sorgsame Planung der Ressourcen waren wichtige Prinzipien eines guten Haushalts, und die Beschaffung der Nahrungsmittel verbrauchte einen Großteil des Budgets. Meine Großmutter hatte eine große Speisekammer voller Töpfe, Krüge, Gläser und Besonderheiten. Sie hatte viele Gerätschaften, die man in heutigen Küchen meist nicht mehr findet. Manchmal werde ich durch Gerüche an diesen Raum erinnert – im Winter roch es erdig, nach kalten Kartoffeln, oder, wenn sich gerade Weihnachtsbäckereien in Dosen übereinanderschichteten, nach Zimt und Orangen. Im Frühling duftete es nach Tannenwipfeln, die sie abwechselnd mit Zucker in Einmachgläser schichtete, um nach einigen Wochen den entstandenen Sirup abzufüllen, welchen meine Schwestern und ich im nächsten Winter bei Erkältung und Husten löffelweise verabreicht bekamen. Im Hochsommer verströmten Petersilie und frische Äpfel ihren Duft. Meine Großmutter wusste genau, zu welcher Jahreszeit man welche Lebensmittel günstig kaufen konnte. Die Kosten trug sie in einen Marktkalender ein.

In den *Salzburger Nachrichten* war damals jede Woche ein Bericht über die aktuellen Marktpreise und anhand dieser Zahlen aktualisierte sie ihren Kalender regelmäßig. Wenn die Eier billig waren, dann kaufte sie 48 Stück und kochte sie ein. Ich erinnere mich noch an die vielen Gläser in verschiedenen Formen und Größen, die sich in ihrer »Speis« stapelten, besonders an die darin eingelegten Eier, die im Prozess der Konservierung durch den beigefügten Essig eine bräunliche Farbe annahmen. Oder an die Marmeladen und Kompotte aus Kirschen und anderem Steinobst, die alle genau beschriftet und fein säuberlich sortiert waren. Wir haben zusammen Quittenkäse, Kekse und Lebkuchen gebacken. In ihrer großen, lauten Mühle mahlten wir Mandeln und Nüsse. Als sie starb, mussten meine Eltern viele der eingekochten Kostbarkeiten entsorgen. In dem Wissen, wie viel Liebe und Sorgfalt in den bunt gefüllten Töpfchen steckte, fiel es schwer, sich von ihnen zu trennen.

Als Kind naschte ich gerne vom rohen Kuchenteig und war dann oft von Geschmack und Konsistenz des Fertiggebackenen enttäuscht. Auch bei Semmelknödelteig ging es mir so. Was ging da vor sich? Wenn man kocht oder bäckt, dann verändern die verwendeten Zutaten ihren Zustand, ihre Aromen und ihre Form. Diese Transformation faszinierte mich schon damals.

Am Wochenende wurde in meiner Familie meist der klassische Sonntagsbraten aufgetragen. Gulasch oder gekochtes Schweinefleisch kamen unter der Woche nur manchmal auf den Tisch, hauptsächlich kochten meine Mutter oder unser Kindermädchen Gemüsesuppen, nach denen es als Hauptgang warme, süße Mehlspeisen aus Ei, einen Grießschmarren oder einen Reisauflauf mit Kompott und Röster gab. Im Herbst waren frische Zwetschken im Auflauf mitgebacken. Auch Gemüsespeisen und Eintöpfe mit Linsen oder Bohnen durften nicht fehlen. Diese traditionelle Art zu kochen und zu essen, kennt man heute fast nicht mehr. Der Anteil von Fleisch an der Ernährung betrug damals maximal ein Drittel des heute üblichen.

Als ich noch klein war, begleitete ich meine Mutter regelmäßig beim Einkaufen. Später bat sie mich, die Einkäufe für sie zu erledigen. Ich machte es gern und weiß deshalb, wie teuer Fleisch und Milchprodukte früher waren und wie günstig im Gegenzug Gemüse.

Zum Einkaufen ging ich ins Zentrum des Nonntals, einem Stadtteil von Salzburg. Es gab noch keinen Supermarkt in unserer Nähe. Meine Mutter gab mir in ihrer Zweitgeldbörse meist hundert Schilling mit, einen Korb und einen Jutesack. Im Nonntal gab es alles, was man brauchte: Einen Bäcker, einen Fleischhauer, den Herrn Stocker, einen Milch- und Käseladen, die Frau Etter, ein Radgeschäft und mehrere Gemüseläden. Den Fleisch- und Selchladen Walter Stocker gibt es heute noch, auch die Bäckerei. In der Auslage des früheren Käseladens von Frau Etter hingegen türmt sich anstelle der gelben, duftenden Laibe nur mehr Gerümpel.

Die Erfahrung hatte mich gelehrt, wie ich mir das Geld am besten einteilen musste, damit sich mit meinen hundert Schilling alles ausging, denn ich musste sehr viel einkaufen. Zuerst besorgte ich die teuersten Sachen – die Fleischwaren und Milchprodukte. Wenn Herr Stocker mich fragte, ob es von der Wurst oder vom Fleisch ein bisschen mehr sein dürfe, musste ich manchmal verneinen, denn ein paar Dekagramm mehr oder weniger machten damals keinen geringen Unterschied. Die geschenkte Scheibe Extrawurst nahm ich aber gern.

Im nächsten Geschäft ging es ein paar Stufen hinab, schon war man in einem kühlen Raum mit Terrazzoboden, in dem es nach frischem Topfen und Emmentaler roch. Das Geschäft von Frau Etter mochte ich besonders. Meist kaufte ich Butter, Milch und inländischen Käse. Die Sorten aus Frankreich oder der Schweiz waren beinah unbezahlbar. Aber auch Butter und Schlagobers hatten im Vergleich zu heute einen viel höheren Preis. Wenn mir von den hundert nach dem Einkauf von Fleisch- und Milchprodukten noch zwanzig Schilling übrigblieben, war ich froh, denn dafür konnte ich im Gemüseladen sehr viel bekommen. Am Ende ging sich vielleicht sogar noch ein Eis für mich aus.

Heute ist es umgekehrt. Ein Kilogramm Huhn im Supermarkt ist günstiger als ein Kilogramm Bio-Kohlrabi. Gemüse und Brot stiegen im Preis in den letzten Jahrzehnten stark an, Brot um 800 Prozent, Gemüse um 500 Prozent. Fleisch, Fett und Zucker, die eigentlich nicht in hohem Maß verzehrt werden sollten, sind verhältnismäßig spottbillig. Der Anteil des Getreides am Brotpreis ist sehr gering, er setzt sich hauptsächlich aus Faktoren wie Arbeitszeit und Logistik zusammen. Das Getreide selbst macht nur ungefähr acht Prozent des Gesamtpreises aus. Bei Gemüse und Obst sind die Arbeitskosten entscheidend geworden. Die Ernährungspyramide steht also auf dem Kopf – alles, wovon wir mehr essen sollten, wird immer teurer, und das weniger Gesunde wird immer billiger. Warum ist das so?

KAPITEL 2

ERNÄHRUNG, DIE UMSTRITTENSTE FRAGE DER WELT

1. Wie unser Essen immer mehr von immer weniger wird

Unsere Masttiere fressen Pflanzen. Sie erhalten durch das Futter jene Energie, die sie brauchen, um schnell zu wachsen. Die Aufnahme von Eiweiß fördert das Muskelwachstum, die Aufnahme von Kohlehydraten erhöht den Fettanteil im Körper. Die Tiere fressen große Mengen Futter in kurzer Zeit. Ein Mastschwein nimmt pro Tag etwa 800 Gramm zu. Um ein Kilogramm zuzunehmen, muss es etwas mehr als zweieinhalb Kilogramm Futter fressen. Dieses Futter ist sehr energiereich und besteht aus einer Mischung aus Mais, Getreide und Sojaschrot.

Der Sojaanteil ist in der heutigen Zeit der Haupteiweißlieferant und liegt bei etwa fünfzehn Prozent der jeweiligen Futterration. Allein Österreichs Masttiere fressen 670.000 Tonnen Sojaschrot pro Jahr, ein Großteil davon muss aus Südamerika importiert werden, die Schweiz importiert 300.000 Tonnen, Deutschland fast vier Millionen Tonnen. Bei 70–90 Prozent der Importe handelt es sich um gentechnisch manipuliertes Soja.

Man stelle sich vor, wie so ein Hausschwein vor hundert Jahren ausgesehen hat. Es war viel dicker, weil es anders ernährt wurde. Schweinefutter bestand früher aus Küchenabfällen und Getreide,

Sojaschrot gab es in Europa noch nicht. Die Tiere waren fett. Das mochte man, denn Fett hat Energie und schmeckt gut. Schweineschmalz, Schweinespeck und Bauchfleisch sind zwar zwischendurch aus der Mode gekommen, doch feiern sie gerade auf allen Küchenniveaus eine Renaissance. Großteils bekommen wir heute jedoch immer noch mageres Fleisch angeboten. Nur das hat sehr wenig Geschmack.

In den 1960er- und 70er-Jahren begann sich die Ernährungsweise zu verändern. Es entstanden verschiedene Richtungen. Viele Menschen begannen, Fett zu vermeiden. Es sollen die Aktivitäten der Zuckerlobby gewesen sein, die den Zuckerkonsum steigern wollte, indem sie Fett in ein schlechtes Licht rückte. Zwei Harvard-Professoren ließen sich von einem berühmten Zucker-Lobbyisten kaufen. Sie interpretierten in seinem Auftrag Studien dahingehend, dass nicht Zucker, sondern Fett die Ursache für die massiv ansteigenden Herz-Kreislauf-Erkrankungen sei.

Die Professoren waren renommiert, die Studie wurde in einem angesehenen Journal veröffentlicht und hatte großen Einfluss auf die weitere Entwicklung der Essgewohnheiten. Zur gleichen Zeit entstand der Trend der »Light-Produkte«, zu dem sich noch die Angst vor dem »bösen« Cholesterin gesellte. Mittlerweile weiß man, dass das Fett und Cholesterin, das man mit dem Essen aufnimmt, nicht unbedingt einen Bezug zum Cholesterinspiegel im Blut hat. Cholesterin ist für den menschlichen Körper lebensnotwendig. Er kann es selbst erzeugen, nimmt es aber auch zusätzlich mit der Nahrung auf. Es ist für die Membranfluidität verantwortlich, dient als Ausgangsstoff für die Biosynthese zahlreicher Steroide im Körper, etwa der Geschlechtshormone, des Vitamin Ds in der Haut und ist an der Steuerung embryonaler Entwicklungsfunktionen beteiligt.

Eigentlich wäre es an der Zeit, »das Fett an sich« wieder zu entdecken. Ein fettes Schwein braucht weniger Sojaschrot als ein mageres und weniger Soja zu importieren, ist eines meiner Hauptziele. Derzeit gilt die Formel: Mageres Fleisch ist gleich mehr Soja-Fütterung. Dieser folgend begann die Fleischindustrie, Tiere für mageres Fleisch zu züchten. Heute wird ein Schwein wie ein Hochleistungssportler ernährt, es erhält volle Energiezufuhr in kürzester Zeit. Auch ein Huhn lebt von der Geburt bis zur Schlachtung nur 30 Tage. Ein normales Supermarkthuhn ist eine Hochleistungssportlerin, die in kürzester Zeit hochgezüchtet wurde.

Über die letzten Jahrzehnte hinweg wurde häufig und heftig debattiert, was man essen und wie welche Lebensmittel zubereitet werden sollten, was »gesund« ist und was »traditionell«. Menschen können sich auf viele verschiedene Arten ernähren. In Island wurde 800 Jahre lang weder Gemüse noch Getreide gegessen, weil sie auf der kalten, stürmischen Insel nicht gedeihen. Mittlerweile produziert das Land einen Großteil seines Gemüse- und Obstbedarfs selbst. Es nutzt die in großem Ausmaß vorhandene Erdwärme zum Heizen von Gewächshäusern.

Die verschiedenen Ernährungsweisen, Trends und Diäten sind im steten Wandel begriffen. Einig ist man sich selten. Gefühlt halbjährlich werden neue Empfehlungen propagiert, die oft sogar in einem Widerspruch zueinander stehen. Einmal wird die Paleo-Diät gepriesen, die sich an einer steinzeitlichen Ernährung orientieren will und Fleisch, Fisch, Beeren und Nüsse als Hauptnahrungsmittel empfiehlt. Andere ernähren sich vegan, verzichten also auf alles Tierische. Was nun richtig ist und was falsch, ist schwer festzustellen. Aber eines ist klar: Durch die Ideologisierung bestimmter Ernährungsweisen bei gleichzeitig beschränktem Wissen ging viel Wissen und Erfahrung unserer Vorfahren über traditionelle Ernährung, Produktion und Konservierung von Nahrungsmitteln verloren.

Ein Beispiel hierfür ist die Lehre des Ernährungswissenschaftlers Justus von Liebig in der Mitte des 19. Jahrhunderts. Liebig postulierte, es reiche aus, eine Mischung aus Fetten, Kohlehydraten und Eiweißen zu sich zu nehmen, denn mehr brauche der Mensch nicht:

»Das Bestehen aller lebenden Wesen ist an die Aufnahme gewisser Materien geknüpft, die man Nahrungsmittel nennt; sie werden in dem Organismus zu seiner eigenen Ausbildung und Reproduction verwendet. Die Kenntniß der Bedingung ihres Lebens und Wachsthums umfaßt demnach die Ausmittlung der Stoffe, welche zur Nahrung dienen, die Erforschung der Quellen, woraus diese Nahrung entspringt, und die Untersuchung der Veränderungen, die sie bei ihrer Assimilation erleiden.«[1]

Demgemäß »wären« Fette, Kohlehydrate und Eiweiße alles, was der Mensch brauche. Justus von Liebig hätte besser daran getan zu sagen, dies seien die drei Stoffe, die man *auch* brauche, denn später fand man Vitamine, Mineralstoffe, Spurenelemente, sekundäre Pflanzenstoffe, die ebenfalls wichtig sind. Diese neuen Denkansätze stehen jedoch an der Wiege der Lebensmittelindustrie. Konservenmilch und Fertigmehl führten im positiven Sinn dazu, dass mehr Menschen als früher ernährt werden konnten. Die Lebenserwartung stieg, die Mangelernährung ging zurück. Zugleich ging aber auch das traditionelle Wissen um Er-

---

[1] Liebig, Justus von: Die organische Chemie in ihrer Anwendung auf Agricultur und Physiologie. Braunschweig 1840, S. 3.

nährungsweisen verloren, wie die, die meine Großmutter mich lehrte, die viele Großeltern weitergaben, aber auch die Verbindung zwischen Ernährung, Land und Bevölkerung verschwand im Nebel dieser Entwicklungen.

Dabei geriet in den Hintergrund, wie eine traditionelle Ernährung nach dem Wissen unserer Urgroßeltern aussieht. Dieses Wissen wurde uns buchstäblich ausgetrieben. Auch das Wissen um die Heilkräfte heimischer Kräuter und Pflanzen ist nicht mehr verbreitet.

Die Antwort auf die Frage, was gutes Essen ist, ist aber eigentlich ganz einfach: Gutes Essen besteht aus möglichst naturbelassenen, unveränderten Nahrungsmitteln. Es gilt als gesichert, dass Fertiggerichte, industriell stark bearbeitete und veränderte Rohstoffe den Stempel »nicht gesund« verdienen.

Gutes Essen, und das gilt überall auf der Welt, ist einfaches Essen. Es besteht aus Rohstoffen, die aus der Natur kommen.

Die Situation ist deshalb so kompliziert, weil mit einfachen, natürlichen Lebensmitteln kein Geld zu verdienen ist. Sie können weder patentiert, noch als Marken aufgebaut werden. Es ist schwierig, konventionelle Tomaten oder Walnüsse schützen zu lassen, obwohl an dieser Regel seitens der Saatgut-Unternehmen heftig gerüttelt wird. Mit Produkten, die jeder erzeugen und vertreiben kann, können keine großen Gewinne erzielt werden. Konzerne möchten Waren anbieten, die sie schützen lassen können, sie wollen Marken aufbauen und hohe Margen erzielen. Dieses Spannungsfeld führt zu einer Vielzahl von Produkten, die keine »guten« Produkte sind. Weder sind sie gesund, noch umweltfreundlich produziert. Sie sind in erster Linie profitabel.

»Gute Ernährung« ist einfache Ernährung. Sie besteht aus natürlichen Rohstoffen. Die exakte Zusammensetzung ist unterschiedlich und individuell. Je nach Land, Klimazone und Verträglichkeit unterscheiden sich die Ernährungsweisen. Konzerne können sich dieser Gegebenheit nicht anpassen. Sie wollen Gerichte entwickeln und Marken bilden, die überregional vermarktbar sind, die also europa- oder weltweit gut ankommen. Konsumenten sind verführbar und haben weitgehend die Verbindung zur traditionellen Ernährung und ihrer Bedeutung für Umwelt und Gesundheit verloren. Die Wurzeln wurden ausgerissen. Dabei wäre es so einfach: Man müsste nur viele verschiedene, möglichst unverarbeitete Produkte, frisch gekocht, einen großen Anteil an pflanzlichen Zutaten und wenige Fertiggerichte verzehren – und die Küche, nein, die ganze Welt sähe anders aus.

Eindeutige Definitionen und Ernährungsempfehlungen sind immer vor ihrem kulturellen Hintergrund zu beurteilen. Eine indische Ärztin wird eine andere Ernährungsempfehlung abgeben als eine chinesische. Beide würden vermutlich auf ihre Weise recht haben, nur lassen sich ihre Formen und Empfehlungen kaum kombinieren.

Die neue Mobilität, das Wort »Globalisierung« war noch nicht in aller Munde, ermöglichte es, Ackergüter rund um den Erdball zu transportieren, sie von der Scholle, wo sie gewachsen waren, loszulösen. Plötzlich konnte man Tiere an Orten ohne entsprechende Ressourcen halten, wie Schweine auf Schiffen auf dem Meer. Der ursprüngliche Kreislauf der Landwirtschaft wurde durch solche Veränderungen und neue Rahmenbedingungen zerstört. Entscheidend dafür war auch das Aufstreben einer neuen Industrie, die den Landwirten Dünger und weitere Helferlein verkaufte –

insbesondere den Stickstoffdünger, durch den die traditionelle Fruchtfolge auf den Feldern ersetzt werden konnte.

Der amerikanische Publizist und Verteidiger einer Menschen- und Planeten-gerechten Landwirtschaft und Esskultur, Michael Pollan, stellt in seinem Bestseller *Das Omnivoren-Dilemma* eine simple Formel auf: »Eat food, not too much, mostly plants.« (Esst Essen, nicht zu viel, hauptsächlich Pflanzen.)[2]

»Food« ist das, spezifiziert er, was unsere Großeltern als Mahlzeit erkannt hätten, keine Astronautennahrung, keine Pillen, keine Fertiggerichte. »Food« ist der Gegenpol zur Industrie, die nichts anderes als hochvermarktete Produkte verkaufen will.

Geht man heute durch einen Supermarkt, durch Gänge voll wohlgefüllter Regale, könnte man den Eindruck einer großen Vielfalt gewinnen. Doch das Bild trügt: Die anscheinende Vielfalt ist eine oberflächliche, traurige Illusion. Tatsächlich bestehen die meisten Produkte aus nur sehr wenigen Rohstoffen, nämlich Weizen, Mais, Reis, Zucker und Fleisch. Bei genauerem Hinsehen findet man viele Produkte in Variationen des ewig Gleichen, in unterschiedlichen Größen, unterschiedlich aromatisiert und verpackt.

Wir Menschen essen immer mehr von immer weniger. Das heißt, wir essen immer weniger verschiedene Rohstoffe, immer mehr hochverarbeitete Produkte aus immer weniger unterschiedlichen Pflanzen. Das bedeutet weiters, dass die Energiedichte der Nahrung stark zunimmt. In einem traditionellen Gericht würde man verschiedene Gemüsesorten kochen und dazu ein paar Kartoffeln essen. Von so einer Mahlzeit müsste man sehr viel zu sich

---

[2] Pollan, Michael: *Das Omnivoren-Dilemma.* Penguin Books, 2007.

nehmen, um satt zu werden. Die Biomasse, die aufgenommen wird, wenn man nur Gemüse ist, ist sehr hoch. Man isst viel, nimmt aber wenig Energie zu sich. Ein Fertigprodukt aus dem Supermarkt liefert hingegen sehr viel Energie bei sehr geringer Nährstoffdichte. Das sind die vielzitierten »leeren Kalorien«. Manchen Theorien zufolge sind viele Menschen deshalb übergewichtig, weil sie sich nährstoffarm und hochkalorisch ernähren. Daher brauchen sie mehr Volumen, um ihren absoluten Nährstoffbedarf zu decken. In unserer westlichen Wohlstandsgesellschaft hat die Ernährungsgleichung keine gute Bilanz: Eine zu hohe Energiedichte bei zu geringer Vielfalt.

Vor dem Hintergrund der Evolution betrachtet ist auch der menschliche Körper herausgefordert. Er hat einen relativ langen Darm. Weder ist er so wie der eines Huhns, noch wie jener eines Wiederkäuers gestaltet. Laut heutigem Kenntnisstand ist der Mensch kein *Karnivore*, Fleischfresser, aber auch kein *Herbivore*, also kein reiner Pflanzenfresser, sondern eher ein *Omnivore*, ein Allesfresser, obwohl viel dafürspricht, dass er eher zum Verzehr von Pflanzen gebaut ist. Der Schluckmechanismus, die Zusammensetzung des Speichels und auch die Voraussetzungen im Darm deuten auf Letzteres hin. Unsere europäische Gesellschaft jedoch nimmt derzeit etwa drei Mal mehr tierische Nahrungsmittel zu sich als empfohlen, der Wert schwankt zwischen 30 und 40 Prozent Fleischanteil der Gesamtnahrung. Würde der Wert sich auf etwa 10 Prozent reduzieren, wie zurzeit empfohlen, sähe unsere Welt völlig anders aus und wir könnten unsere Tiere ohne Importe von Futtermitteln aus der Sojabohnenindustrieregion Mato Grosso in Brasilien ernähren.

KAPITEL 3

SCHIFFE
VOLLER BOHNEN

1. Kleine Bohne, große Commodity

Die Globalisierung und die damit verbundenen politischen und wirtschaftlichen Entscheidungen brachten eine weltweite Ungleichverteilung des Ackerbaus mit sich. Durch die Spezialisierung der Landwirtschaft entstanden Monokulturen und Massentierhaltung. Die dafür notwendige proteinreiche Tiernahrung wird nicht mehr regional erzeugt, sondern global gehandelt, importiert und rund um den Globus verschifft. Sojaschrot wird als anonymes Gut, als *Commodity*, an der Börse gehandelt. Um Futtermittel anzubauen, werden Wälder, Savannen und Moore zerstört, wodurch ungeheure Mengen an Treibhausgasen emittiert werden. Die Sojapflanze selbst ist an dieser Situation freilich unschuldig. Sie ist ein Nachhaltigkeitschampion, der keine Gentechnik, keine Pestizide und keinen Dünger benötigt, im Gegenteil, sie produziert ihren Stickstoffdünger selbst und reichert durch ihr komplexes und geheimnisvolles Wurzelwerk sogar den Boden für das Folgejahr damit an. Ihr hoher Proteingehalt eignet sich auch für den Menschen als ideales Nahrungsmittel, ohne die Nachteile des Fleischkonsums mitzubringen. Diese Bohne könnte tatsächlich die Welt verändern.

2. Soja und die Welt in Zahlen

Der Sojaimport der EU im Jahre 2020 belief sich auf 15,1 Millionen Tonnen ganzer Bohnen und 16,2 Millionen Tonnen Sojaschrot, das sind umgerechnet ca. 35 Mio. Tonnen Sojabohnenäquivalent. 6,1 Millionen Tonnen davon kamen aus den USA und Kanada, 22,8 Millionen Tonnen aus Brasilien, Argentinien und Paraguay. 66,1 Millionen Tonnen Sojabohnen importiert China aus Südamerika und 34,7 Millionen Tonnen aus den USA. Zusätzlich wandern noch 34,8 Millionen Tonnen Sojaschrot ins restliche Asien.[3]

Brasilien, Argentinien und die USA sind die größten Produzenten und Exporteure von Bohnen und Schrot. Im Jahr 2021 kletterte die globale Produktion von Soja auf 366 Millionen Tonnen.[4] Somit ist die Bohne eine der weltweit meistgehandelten Commodities. Vor hundert Jahren war die Situation noch anders. Im Jahr 1920 dominierten die asiatischen Länder China, die Mandschurei (das von Japan besetzte nordöstliche China) und Japan bei weitem die Produktion. Damals war Soja noch kein globales Agrargut. In den 1930er- und 1940er- Jahren begann sich die Situation zu ändern. Die zwei Weltkriege zogen Ernährungskrisen nach sich, und die USA begannen, Soja als Proteinquelle zu fördern.

Geschichte

Im 19. Jahrhundert begann in Großbritannien die industrielle Produktion von Lebensmitteln. Die ersten Agrarfirmen mit globaler Reichweite entstanden. Der Transport mit Zügen, Schiffen und über Häfen globalisierte die Versorgungs. Nahrungsmittel konnten

---

[3] Donau Soja mit Zahlen von Trademap/COMTRADE/EUROSTAT.
[4] USDA.

plötzlich besser konserviert und gelagert werden. Diese Entwicklung beschleunigte sich, und Mitte des letzten Jahrhunderts, als sich die oft kleinbäuerliche Agrarlandwirtschaften durch Technisierung, Spezialisierung und Chemisierung in einer Spirale der jährlichen Ertragssteigerung immer weiter von einem Zusammenhang zwischen der eigenen Futtermittelproduktion und der Ernährung der Nutztiere lösten, begann auch der Zukauf von Sojaschrot.

Durch das Zukaufen von billigem Futter konnten wesentlich mehr Tiere auf einem Hof gehalten werden. Es entstanden Futtermittelhersteller, die proteinreiche Nahrung erzeugten und verkauften. Die Ernährungsweise der Menschen veränderte sich nach dem Zweiten Weltkrieg durch Wirtschaftswachstum und höhere Einkommen, welche bewirkten, dass weniger Geld für Lebensmittel ausgegeben wurde. Dieses Phänomen wird das »Engel'sche Gesetz« genannt.

Die Lebensmittelindustrie erfand immer neue Produkte, die sie mit Werbung und Marketing unter die Konsumenten brachte. Supermärkte verdrängten nach und nach kleine Einzelhändler. Sich regelmäßig Fleisch leisten zu können, galt als Zeichen von Wohlstand. Ziel war es, möglichst viel billiges Fleisch zu erzeugen.[5]

Verwendung

Soja war ursprünglich ein Nahrungsmittel für den Menschen – Sojamilch, Tofu und Sojasauce ist wesentlich älter als Soja als Tiernahrung. Heute wird allerdings der größte Teil des weltweit angebauten Sojas für die Ernährung von Tieren verwendet.[6]

Um möglichst schnell zu wachsen, wie es in der Massentierhaltung notwendig ist, brauchen Tiere billiges, pflanzliches Pro-

---

[5] Vgl. Konzernatlas, Heinrich Böll Stiftung, 2017.
[6] Vgl. Konzernatlas, Heinrich Böll Stiftung, 2017.

tein. Hier ist die Sojabohne unschlagbar, deshalb wird sie so exzessiv angepflanzt. Ihr Proteingehalt liegt bei 40 Prozent, das ist ein einzigartig hoher Wert. Ihr Anteil am Mischfutter der Nutztiere liegt bei bis zu 30 Prozent.

Treibhausgase

Land- und Forstwirtschaft sind für 23 Prozent der globalen menschlichen Treibhausgasemissionen (Kohlendioxid, Methan etc.) verantwortlich.[7]

Ein beträchtlicher Teil dieser Treibhausgasemissionen stammt aus Landnutzung und Landnutzungsänderungen, zum Beispiel durch Entwaldung. Entwaldung alleine ist verantwortlich für 11 % der globalen Treibhausgasemissionen.

Soja-Importe sind für 31 Prozent der in die EU importierten Entwaldung verantwortlich.[8]

Ein Blick in relevante Datenbanken zur Ökobilanzierung von Agrarprodukten zeigt: der CO_2-Fußabdruck von Sojabohnen aus Brasilien beträgt im Schnitt etwa das fünf- bis zehnfache des CO_2 Fußabdrucks von Sojabohnen europäischer Herkunft, was aber nicht an der Sojapflanze liegt, sondern an den mit dem Anbau verbundenen Landnutzungsänderungen durch Rodung des tropischen Regenwalds oder durch die Umwandlung wertvoller Savannen in Agrarland. Allein durch diesen Vorgang werden Unmengen an ober- und unterirdisch gespeichertem CO_2 freigesetzt.

Quelle: IPCC: IPCC, Climate Change and Land: an IPCC special report on climate change, desertification, land degradation, sustainable land management, food security, and greenhouse gas fluxes in terrestrial ecosystems, https://www.ipcc.ch/srccl/.
Quelle: WWF, 2021, https://wwfeu.awsassets.panda.org/downloads/stepping_up___the_continuing_impact_of_eu_consumption_on_nature_worldwide_fullreport_low_res.pdf
Quelle: Agrifootprint 5.0

[7] IPCC, 2021.
[8] WWF, 2021, https://wwfeu.awsassets.panda.org/downloads/stepping_up___the_continuing_impact_of_eu_consumption_on_nature_worldwide_fullreport_low_res.pdf

Fleischkonsum

Auch der CO_2-Fußabdruck von tierischen Produkten, wie Eier oder Schweinefleisch, wird maßgeblich durch die Wahl der Futtermittel bestimmt. Der Einsatz von garantiert entwaldungsfreier Soja kann den CO_2-Fußabdruck dieser Produkte stark reduzieren.

Wenn auf der Verpackung von Schweinefleisch steht, das Tier stamme aus Österreich und wurde in Österreich großgezogen, so stimmt das natürlich. Aber wie regional ist es, wenn das Schwein sein ganzes Leben lang Futter aus dem abgeholzten Regenwald der südlichen Hemisphäre gefressen hat?

Landnutzungsänderungen

Mit der global ständig steigenden Nachfrage nach Soja verlor Brasilien seit den 1960er-Jahren wichtige Urwälder und große Teile der Cerrado-Savannen an die Agrarwirtschaft. Zwischen 1990 und 2020 sind 420 Mio Hektar Wald – eine Fläche größer als die EU – verloren gegangen. 90% der Entwaldung wird von der Expansion von Agrarflächen für bestimmte Agrargüter vorangetrieben.

Landnutzungsänderungen sind keine südamerikanische Eigenheit, sondern haben früher auch in großem Ausmaß in Europa stattgefunden, als große Teile der europäischen Urwälder zur Zeit der Industriellen Revolution für die Kohleerzeugung gerodet wurden.

Mittlerweile gibt es verschiedene Standards oder Zertifikate, die zu einer Verbesserung der Situation führen sollen. Dazu gehört das vom europäischen Futtermittelverband eingeführte

Quelle: SERI 2011, FiBL 2021.
Quelle: FAO, 2020, https://www.fao.org/documents/card/en/c/ca9825en.
Soja-Importe sind für 31 Prozent der in die EU importierten Entwaldung verantwortlich.

FEFAC Compliant Soy Benchmarking. Dabei werden 19 verschiedene Standards als Entwaldungsfrei akzeptiert, allerdings ächtet das FEFAC-System nur die illegale Entwaldung, nicht jedoch die oft dramatische „legale" Entwaldung. Von FEFAC anerkannte Zertifizierungen sind daher nicht automatisch frei von Entwaldung und Umwandlung wertvoller Ökosysteme.

Entwaldungsfreie Sojalieferketten stellen aktuell nur sechs Zertifizierungssysteme sicher, darunter Donau Soja.

Obwohl seit Jahrzehnten entwaldungsfreier und nachhaltiger Soja verfügbar ist, werden laut den letzten verfügbaren Zahlen für 2019 nur 25% der EU-Importe nach den niedrigen FEFAC Standards zertifiziert, die restlichen 75% sind ohne jede Gewährleistung.

Sie Umwandlung sensibler und wertvoller Ökosysteme in Agrarflächen, wie jene der Cerrado-Savanne und vieler Gebiete Paraguays, geht also munter weiter. Große Waldbrände in Brasilien dominierten die internationalen Nachrichten und brachten die Verletzlichkeit der natürlichen Ökosysteme ins Bewusstsein der Weltöffentlichkeit. Allen Teilnehmern am Sojageschäft wird daher mehr Verantwortung auferlegt, ökologisch zu handeln. Es ist für mich frustrierend zu sehen, dass trotz Verfügbarkeit wegen weniger Euro unterschied nach wie vor nicht nachhaltiger Soja in den Trögen unserer Tiere landet.

Quelle: Kusumaningtyas, R. and Van Gelder, J.W. (2019)
https://www.profundo.nl/download/iucn1906
Quelle: IDH; 2021, https://www.idhsustainabletrade.com/uploaded/2021/06/2019-IDH-European-Soy-Monitor-report.pdf

Absurde Warenströme

Stellen Sie sich drei Kontinente vor. Im ersten wird die Sojabohne angepflanzt und geerntet, im zweiten werden die Bohnen an Hühner oder Schweine verfüttert, im dritten wird deren Fleisch tiefgefroren als Billigprodukt verkauft. Ich spreche von Südamerika, China und Europa. Von den riesigen Feldern Südamerikas wird die Commodity Soja an die jeweiligen Häfen transportiert, von dort in Containern nach China verschifft, wo sie zu Schrot gecrusht und an jene Tiere verfüttert wird, deren Fleisch im Anschluss auf den europäischen Markt gelangt.

Das weltweite Agrarsystem ist in ein großes Ungleichgewicht geraten. In Südamerika machen Sojabohnen in der Fruchtfolge bis zu 60 Prozent aus, in Europa kommen Soja und andere Hülsenfrüchte nur auf 1–2 Prozent. Das ist eine enorm ungleiche globale Verteilung: 60 Prozent Monokultur mit Gentechnik, Pestiziden und Landrodung im Unterschied zu Europa, wo es auch sehr einseitige Fruchtfolgen mit Mais und Weizen gibt und wo ebenfalls dringend eine Diversifizierung benötigt würde. Auf beiden Kontinenten stoßen die Systeme an ihre Grenzen. Mehr Soja in Europa und weniger in Südamerika wäre also eine gute Sache für die Umwelt.

Verlorene Wertschöpfungsketten

China ist der weltweit größte Importeur von Soja. Es importiert ganze Bohnen. Nach Europa wird hauptsächlich das bereits zu Schrot verarbeitete Produkt eingeführt, was bedeutet, dass Europa dadurch wesentlich an Wertschöpfung verliert, denn an die Weiterverarbeitung des Rohstoffs Soja sind Wertschöpfungsketten wie Unternehmen, Fabriken, Transporte und damit viele Arbeitsplätze gebunden.

An den großen Häfen der USA, Brasiliens, Argentiniens und Paraguays befinden sich Ölmühlen der Multinationals, jener riesiger Agrarkonzerne, deren Soja, Weizen und Mais an den Weltbörsen als Commodity gehandelt wird und deren Weltmarktanteil am Agrarhandel 70 Prozent ausmacht. Ihre Produkte werden als Nahrungsmittel, Agrokraftstoff oder Futtermittel verkauft. Ihre Namen sind mit der ABCD-Regel leicht zu merken. Es handelt sich um A wie Archer Daniels Midland, B wie Bunge, C wie Cargill und D wie Louis Dreyfus. Die ersten drei haben ihren Sitz in den USA, Dreyfus ist ein niederländisches Unternehmen.

Diesen Konzernen gehören Hafenanlagen, Eisenbahnen, Raffinerien, Silos, Ölmühlen und Fabriken. Über Ernten, Preise, Wetterdaten, Währungsschwankungen und politische Entwicklungen sind sie bestens informiert. Sie alle besitzen Tochterfirmen, die den Handel mit Agrarrohstoffen gegen Preisrisiken absichern und die auf spekulative Geschäfte an den Warenterminbörsen ausgerichtet sind. Auch wenn ihr Hauptgeschäft immer noch der Handel mit Rohstoffen ist, so wird doch die vertikale Integration, die Eingliederung vor- und nachgelagerter Wertschöpfungsstufen, ein immer größerer Bereich. Die Unternehmen sind teilweise nicht mehr nur Teil der Kette, vom Feld bis zum Supermarktregal, sondern sie sind die Kette selbst. Die großen Agrarkonzerne haben alle in den letzten Jahren ihren Einsatz für entwaldungsfreie Lieferketten verstärkt und sich neu orientiert. Für die Rodung des Regenwalds und Landumbrüche sind sie sowohl trotzdem weiter indirekt mitverantwortlich.[9]

[9] Vgl. Herre, Roman: *Agrarkonzerne beherrschen den Weltmarkt*. Heinrich Böll Stiftung, www.boell.de.

Die älteste Terminbörse der Welt

Der Sojahandel am Weltmarkt ist, seine Preismechanismen betreffend, komplex. Verschiedene Variablen beeinflussen die Preise der Agrarrohstoffe, die seit der Jahrtausendwende ständig steigen. Das sind erstens Angebot und Nachfrage und zweitens die Finanzialisierung. Darunter versteht man den Zustrom von Finanzkapital zu den Warenterminmärkten, dort wo Kontrakte auf Anrechte für Warenlieferungen in der Zukunft, sogenannte »Futures«, gehandelt werden.[10] Investmentfonds spekulieren am Agrarmarkt, schließen an der Börse von Chicago, der ältesten Terminbörse der Welt, Futures ab und die Makler »hedgen« die Risiken, das heisst sie sichern sich gegen Kursschwankungen ab. Die dritte Variable ist die Logistik: Sojabohnen werden in riesigen Frachten verschifft, 35 000 bis 70 000 Tonnen. Ein Lastwagen, zum Vergleich, ist 25 Tonnen schwer. Aber auch der Markt für Frachtgüter ist instabil. Als vierte Variable sind die Währungskurse entscheidend: Um die Sprunghaftigkeit der Preise, die sich in jeder Sekunde ändern, zu minimieren, ist es üblich, den Preis als eine Prämie oder einen Nachlass über die »Quotes« der Futures der Bohnen, den Crush oder Öl, auszudrücken. Die Prämie oder der Nachlass ist eine Preiskomponente, die stabiler bleibt als die Futures, weshalb es leichter ist, mit dieser Komponente zu handeln und die Futures später direkt zu tauschen, um den finalen Preis in Rechnung stellen zu können.

Flächennutzung

Die Nutzung der Felder und Flächen der Erde muss grundsätzlich neu überdacht werden. Wofür wird Land genützt? Eine riesige

---

[10] Vgl. Bass, Prof. Dr. Hans Heinrich: *Finanzspekulation und Nahrungsmittelpreise.* IWM, Institut für Weltwirtschaft und internationales Management.

Anzahl der zur Verfügung stehenden Ackerflächen dient der Produktion des Futters für die in der Massentierhaltung lebenden Tiere. Höhere Qualitätsstandards der Futtermittel würden zu höheren Preisen von Fleisch führen. Qualität kostet mehr Geld.

Würde man auf zertifiziertes, europäisches Soja in der Futtermittelproduktion umsteigen wollen, so wie ich das befürworte, dann müsste die Europäische Union, um ihre Landwirtschaft zu schützen, die Einfuhr von Rohstoffen verteuern. Gerade bei den Ölsaaten, zu denen Soja zählt, hat die EU aber mit den USA im Blair House Agreement vereinbart, dass keine Importzölle eingehoben werden dürfen, und keine spezifischen Förderungen ausgezahlt werden dürfen.

Europa produziert mittlerweile ein Drittel seines Sojabedarfs selbst, und die Erträge steigen jährlich. Eine höhere Vielfalt, mehr Soja und Leguminosen – also Bohnen, Erbsen und Co – in Europa, würde die Ausbreitung von Schädlingen reduzieren, die ja wieder zu einem vermehrten Einsatz von Pflanzenschutzmitteln führen. Durch die derzeit hohen Energiepreise steigen zusätzlich die Kosten für Dünger, denn für dessen Produktion wird sehr viel Energie verbraucht und CO_2 ausgestoßen. Mehr Bohnen würde auch hier helfen, denn Bohnen produzieren Stickstoff und vermeiden die Verwendung von Stickstoffdünger.

Das neue EU-Lieferkettengesetz

Ende Februar 2022 legte die EU einen Entwurf für ein neues Lieferkettengesetz vor, das Unternehmen zu Nachhaltigkeit und gu-ter Unternehmensführung verpflichtet. Sie werden, sobald es in Kraft tritt, dazu verpflichtet sein, ihre Wertschöpfungsketten hinsichtlich der Einhaltung der UN-Charta der Menschenrechte, inklusive Arbeits- und sozialer Rechte, der Umweltstandards und Klimaziele zu überprüfen. Verpflichtend wird dies für alle

Betriebe, die Zugang zum EU-Binnenmarkt haben. Unternehmen werden ab dem Inkrafttreten dieses Gesetzes für ihre Handlungen strafbar gemacht und mit Geldstrafen belegt, sobald sie Schaden verursachen oder dazu beitragen.

»Unternehmen werden nicht länger in der Lage sein, Menschen und den Planeten zu schädigen, ohne zur Rechenschaft gezogen zu werden. Die neuen Regeln werden sie rechtlich dafür verant- wortlich machen, Risiken in ihrer gesamten Wertschöpfungskette zu vermeiden und zu begrenzen. Sie werden den Opfern einen Rechtsanspruch auf Unterstützung und Wiedergutmachung geben und Fairness, gleiche Wettbewerbsbedingungen und Rechts- klarheit für alle Unternehmen, Arbeitnehmer und Verbraucher gewährleisten.«[11]

Das klingt doch sehr gut. Allerdings: Im Vorfeld wurde und wird gegen dieses Gesetz stark lobbyiert. Der genaue Gesetzeswortlaut wird mit Spannung erwartet. Die Großkonzerne und andere Lobbys wollen wesentliche Abschwächungen erzielen.

3. Was wir essen, bestimmt, wie unsere Welt aussieht

Warum ist Fleisch so billig?

Alles verändert sich, vieles geht verloren. Nicht nur Pflanzen sterben, sondern auch Tiere, Arten, Meere. Flüsse trocknen aus, das ewige Eis schmilzt. Aber auch unsere Verbindungen zur Natur selbst, zu den Tieren, unsere Beziehung zu dem, was Leben vielleicht einmal war oder einmal wieder sein könnte, drohen vollständig gekappt zu werden. Es stellt sich die Frage, was die

---

[11] Wolters, Lara (S&D, NL): Pressemitteilung. Europäisches Parlament. www.euoparl.europa.eu/news (Zugriff: 10. Februar 2022).

Menschen, die alle Bewohner dieser Erde sind, vereinen könnte. Und auch die danach, was unsere Generation von früheren unterscheidet und wie kommende Generationen mit diesen Veränderungen umgehen werden.

Ein Blick in andere Kulturen ist nicht nur persönlich bereichernd, sondern auch im Hinblick auf Ernährungskrise und Klimawandel aufschlussreich. Sich vorzustellen, wie unsere Vorfahren oder andere Völker mit Tieren gelebt haben und mit ihnen umgegangen sind, wie die Landwirtschaft früher ausgesehen haben mag oder wie sie sich heute in anderen Kulturen darstellt, ergibt ein Bild mit einer klaren Aussage: Was wir essen, bestimmt, wie unsere Welt aussieht. Schon die äußeren Bilder von Agrar- und Kulturlandschaften geben einen Hinweis darauf. Die Reisterrassen Asiens, die klappernden Maisfelder Österreichs, die nachts fluoreszierenden Glashäuser Europas, die südamerikanischen Monokulturen, die afrikanischen Plantagen, die unendlich großen Felder Russlands und der Ukraine. Ein Blick hinter die Kulissen jedoch öffnet die Augen für die Möglichkeit einer viel bunteren und gesünderen Natur, wenn sich gewisse Aspekte der Landwirtschaft und der Industrie nicht weiter so, sondern anders entwickeln würden.

Fleisch ist im Vergleich zu früher, als ich noch für meine Mutter einkaufen ging, billig. Der Preis entspricht nicht den wahren Produktionskosten. Fleisch ist billig, weil die Ausbeutung der Natur eine Externalisierung der Kosten schafft. Es ist billig, weil sowohl der Anbau von Futtermitteln als auch die Mastbetriebe gefördert werden. Es ist billig, weil die Massentierhaltung ohne Rücksicht auf Tierwohl und Umwelt überproduziert.

Endverbraucher zahlen dafür aber letztlich mehr, als sie denken. Sie zahlen auf Umwegen, indem sie mit den Folgen der

Billigfleischproduktion leben müssen. Diese Folgen sind der Klimawandel und die negativen Auswirkungen auf die eigene Gesundheit. Würde Fleisch so viel kosten wie proportional gerechnet Gemüse, dann müsste ein Kilogramm Schweinsschnitzel etwa 40 Euro kosten. Der Fleischhauer bekäme dann bald wieder zu hören: »Bitte genau und nicht zu viel abwiegen.«

Heute sind Zucker und Fleisch Billigwaren. Hielte man alle Tiere so wie Labonka, ein österreichischer Vorzeige-Biohof, wo die Schweine sich im Schlamm suhlen und über Wiesen galoppieren, dann würden die Preise naturgemäß steigen. Biologisches Schweinefleisch kostet 40 Euro pro Kilo, nur die Ware aus der Massentierhaltung kann so billig sein, dass sie um ein Viertel dieses Preises verkauft wird. Fleisch aus biologischer Haltung macht nur ein Prozent des österreichischen Marktes aus.

Würde Fleisch so viel kosten wie früher, könnte es sich die Bevölkerung nicht mehr jeden Tag leisten, und der Anteil des Fleischkonsums würde sich auf natürliche Weise reduzieren, vermutlich exakt auf jenen Prozentsatz, der sowohl auf die Gesundheit bezogen als auch das Klima und die Tierhaltung betreffend eine Veränderung zum Guten bewirken würde. Die Massentierhaltung ist wesentlich mitverantwortlich für den weltweiten CO_2-Ausstoß. Es wäre die einfachste Art, diesen über die Steuerung des Fleischkonsums zu reduzieren. Wenn ein Kilogramm Fleisch für zehn oder 15 Euro zu haben ist, wird nicht lange überlegt, ob man das jetzt kauft oder nicht, ob man etwas Gutes daraus kocht oder hinterher die Hälfte wegwirft. Das schlechte Preisverhältnis zwischen tierischen und pflanzlichen Produkten ist ein Kernproblem. Es herrscht keine Kostenwahrheit, und die Agrarsubventionen verzerren das Preisgefüge.

Zudem gibt es aber auch noch weitere Preisverzerrungen: Kuhmilch zum Beispiel wird mit nur zehn Prozent Mehrwertsteuer belastet, Sojamilch mit 20 Prozent. Staatliche Lenkungseffekte dieser Art lassen vermuten, eine vegetarische Ernährung sei nicht erwünscht. Zugleich dokumentieren sie die Entwurzelung und Abkehr vom gelernten Umgang mit Ressourcen und der demgemäßen Ernährungsweise. Historisch gesehen waren tierische Produkte, also Milchprodukte, Fleisch- und Wurstwaren, das Wertvollste, weil in die Aufzucht eines Tieres so viel investiert werden musste.

Als Konsumenten sind wir mittendrin in diesem schwer durchschaubaren System. Lange haben wir auf die Qualität der Produkte, auf den Staat, auf die Betriebe und auf die Bauern vertraut. Lange wurden die Entwicklungen und Bedingungen kaum hinterfragt. Rührt dieses Vertrauen und das Nicht-Infragestellen vielleicht daher, dass der Anteil der Haushaltsausgaben der Gesamtbevölkerung für Nahrungsmittel im Vergleich zu früher geringer geworden ist und damit als Thema an Brisanz verloren hat?

Heute gibt ein österreichischer Haushalt nur mehr 9,7 Prozent des monatlichen Durchschnittseinkommens für den Einkauf von Nahrungsmitteln aus. Im europäischen Vergleich geben nur die Iren, die Luxemburger und die Engländer weniger von ihrem Einkommen für Lebensmittel aus, letztere lediglich 8 Prozent. Am tiefsten greifen dir Bürgerinnen Rumäniens in die Geldbörse, sie verbrauchen bis zu einem Viertel ihres Einkommens für Lebensmittel.[12]

Die Forderung nach geringerem Fleischkonsum stützt sich auf drei Säulen. Erstens, die Ethik: Tiere sollen nicht gequält und die

---

[12] EU-Statistikbehörde: EUROSTAT, 2019. www.bauernzeitung.at (Zugriff: 11. Februar 2022).

Massentierhaltung nicht weiter unterstützt werden. Zweitens, der Umweltschutz: Wenig Fleisch zu essen, bedeutet weniger CO_2-Ausstoß. Drittens, die Gesundheit: Weniger Fleisch zu essen, macht gesünder. Mit dem generellen Verzicht auf Fleisch oder zumindest dem Verzicht auf Billigfleisch gewinnt man mehrfach. Es verbindet das Gute für die Gesellschaft, für die Umwelt und für die Tiere mit dem Besten für die eigene Gesundheit.

Als Kind war ich jeden Sommer auf der Flattnitz-Alm auf Urlaub. Dort wurde auf 1.400 Metern Seehöhe Ackerbau betrieben. Das österreichische Postkarten-Idyll sieht nur Tierhaltung auf Bergen und Almen vor. Tatsächlich ist und war das nicht so. Früher waren viele Bauernhöfe in Österreich, in Deutschland und auch in der Schweiz Selbstversorger. Es gab kaum einen Bauernhof, der nicht fast alles außer vielleicht Zucker, Salz, Pfeffer, Kaffee, Tabak und Speiseöl selbst erzeugt hat. Aber nun hat sich vieles verändert. Da könnte man gut argumentieren und über die Arbeitsteilung jubeln, nämlich, dass es doch in Ordnung wäre, wenn der eine nur noch Marillen erzeugen und die andere nur noch Schweine mästen würde. In anderen Bereichen der Wirtschaft läuft es doch auch so. Nur, die Natur funktioniert nicht wie die Wirtschaft. Eine Region, in der nur noch Reis angebaut wird, oder nur noch Schweine gezüchtet werden, bekommt Probleme. Sie verkümmert in vielerlei Hinsicht, Schwierigkeiten treten auf. Die Natur schlägt zurück, Schädlinge siedeln sich an, die wiederum bekämpft werden müssen, womit abermals gegen die Natur vorgegangen wird. Die Natur braucht Vielfalt und hat mit fehlender Diversität nichts im Sinn. Spezialisierung geht nur bis zu einem gewissen Punkt. Wird dieser überschritten, landet sie in einer Sackgasse, und zwar in jener, in der wir alle jetzt stecken.

Die Landwirtschaft ist immer mehr auf Erzeugnisse der chemischen Industrie angewiesen, um überhaupt noch zu funktionieren. Obwohl viele der österreichischen Bauern mehr und mehr Dünger und immer mehr Chemie verwenden, steigen die Erträge nicht mehr dementsprechend. Das System kommt mit dieser Arbeitsteilung nicht mehr weiter. Es scheint, als wäre das Ende der Sackgasse erreicht.

Mein Onkel war früher Schweinebauer in der Nähe von Klagenfurt, in St. Veit an der Glan. Er berichtete, dass er früher nach dem Verkauf eines Schweins eine Woche lang im teuersten Klagenfurter Hotel wohnen und ordentlich einen draufmachen konnte, weil der Verkauf so viel eingebracht hatte. Vor wenigen Jahren aber war sein Ton ein ganz anderer: Er habe jetzt keine Schweine mehr, weil es sich heute nicht mehr rentiere. Er züchte nun aber Rinder, denn für ein Schwein bekäme man gar nichts mehr.

Was der Onkel nicht aussprach, worauf sich seine Feststellung allerdings bezog, ist der sogenannte »Umrechnungsfaktor«. Die öffentliche Hand fördert landwirtschaftliche Flächen und diktiert die Auflagen. Als Folge können die Bauern ihr Getreide billiger vermarkten, was die Produktion von Fleisch fördert, das dadurch ebenfalls billiger wird. Das funktioniert über den Umrechnungsfaktor. Beim Schweinefleisch berechnet man diesen mit 1:5. Man muss fünf Kalorien in das Schwein hineinfüttern, damit man eine Kalorie herausbekommt. Vier Kalorien werden verschwendet. Den größten Teil der Energie, die man in Tiere füttert, verbrauchen sie zum Leben, so wie auch der Mensch. Nur ein kleiner Teil schlägt sich im Produkt nieder, als Milch, als Ei oder als Fleisch. Der größte Teil verpufft. Je größer das Tier, desto negativer ist dieser Faktor. Wird der Getreideanbau stark subventioniert, dann wird Getreide billig, somit auch das Tierfutter. Unterm Strich bedeutet das: Fleisch wird billiger.

Ein Huhn hat einen Umrechnungsfaktor von 1:3. Drei Kalorien Futter, um eine Kalorie Huhn zu produzieren. Beim Rind liegt der Faktor bei 1:10. Fütterungssysteme für Weidetiere bilden eine Ausnahme. Hier lässt sich festhalten, dass die Tiere ohnehin vorhandene Ressourcen verwerten, die anders nicht verwertet würden, sie fressen das Gras der Weide. Jedoch: Wo heute Weiden sind, waren früher Felder. Früher hatte jeder Bauer alles. Angebaut wurden verschiedenste Sorten für den Eigenbedarf und für den lokalen Weiterverkauf.

Diese Verbindung von Ackerbau und Viehzucht ist den meisten Menschen nicht mehr bewusst. Früher waren die Tiere ans Land gebunden. Man hatte nur Tiere, die man mit eigenen Mitteln halten, aufziehen und ernähren konnte. Durch die Globalisierung der Agrarwirtschaft wurde begonnen, Ressourcen quer über die Kontinente zu verschieben. Dadurch konnte die Anzahl der Tiere pro Hof massiv erhöht werden.

KAPITEL 4

TAIPEI – SOJAMILCH ZUM FRÜHSTÜCK

1. Vom Nonntal nach Taipei

Als jugendlicher Bücherwurm engagierte ich mich in der Nonntaler Pfarre. Eines Tages hielt dort ein junger Philosophiestudent einen Philosophiekreis ab, zu dem ich mich anmeldete. Das Thema lautete: Chinesische Philosophie. Der Leiter des Kreises verteilte Referatsthemen auf die Anwesenden. Mein Thema war das Buch *Reden und Gleichnisse* von Tschuang-Tse. Für mich war es ein Augenöffner. Es eröffnete mir eine völlig neue Welt. Ein Text über die Freude der Fische, in dem sich zwei Männer darüber streiten, ob ein Mensch denn beurteilen könne, was die Freude der Fische sei, gefiel mir besonders.[13] Die Kalligraphie dieses Texts hängt heute im Büro an der Wand hinter meinem Schreibtisch. Was diese Daoisten schreiben, dachte ich damals, ist näher am Menschen, näher als alles, was hier in der Kirche Sonntag für Sonntag erzählt wird, näher als die Schriften von Platon oder Hegel. Es öffnete sich mir eine Denkweise, in der Geist und Körper, Mensch und Gott, Himmel und Erde eine Einheit darstellen. Diese Texte faszinierten mich so sehr, dass ich alle Bücher las, die mir zur Verfügung standen.

---

[13] Tschuang-Tse: *Reden und Gleichnisse.* Manesse Bibliothek. München, 1951.

Nicht nur Tschuang-Tse und Lao-Tse, sondern auch das I-Ging, Konfuzius und viele andere Werke. Daraufhin wurde mir klar, dass ich diese Bücher selbst im Original lesen wollte, um mein eigenes Verstehen zu entwickeln.

So öffnete sich mein Weg aus Salzburg hinaus zum Studium nach Wien und noch weiter. Ich begann 1988, Chinesisch an der Universität Wien zu studieren und ging 1989 mit einem Stipendium nach Taiwan.

In Taiwan erhoffte ich mir, schneller als das vielleicht in China möglich gewesen wäre, Zugang zu den Menschen, ihrer Kultur und ihren Traditionen zu finden, deshalb ging es für mich nach Taipei. Es war wie das Ankommen in einem Luftaquarium. 100 Prozent Luftfeuchtigkeit bei 30 bis 35 Grad Celsius. Es war, als würde sich die Luft wie Wasser an den Körper anlegen, ich tauchte in ein warmes Meer.

Ich bezog ein kleines Zimmer in einer Art Schweizer-Häuschen im Zentrum der Stadt nahe meiner Gastuniversität. Das Häuschen befand sich auf dem Flachdach eines sechsstöckigen Wohngebäudes. Da es in Taipei vorwiegend Flachdächer gibt, finden sich viele dieser kleinen Bauten auf den Gebäuden. Zuerst musste ich durch ein rotes Eingangstor, dann sechs Stockwerke die Stiegen hinauf, oben war nochmals eine rote Tür aus Eisen. Ich schloss sie auf und gelangte von dort auf das flache Dach.

Mein neues Zuhause war aus dünnen Holzplatten gebaut. Es hatte nur ein kleines, milchiges Schiebefenster und keine Klimaanlage. Das Häuschen selbst hatte zwei Zimmer, ein Bad und keine Küche. Mein Mitbewohner war ein schweigsamer Mensch, von dem ich nicht wusste, was er beruflich machte. Er sprach nicht mit mir, grüßte nur. Mit ihm teilte ich das Badezimmer, ansonsten war ich völlig auf mich allein gestellt. Wenn einer der vielen Taifune kam, hatte ich Angst mitsamt meiner Behausung davonzufliegen. Doch ich hatte Glück, sie hielt allen Stürmen stand.

Das erste Aufwachen. Tageslicht schien durch das blinde Fenster in mein Zimmer. Ich stand auf, taumelte noch müde die Stiege hinunter und nach draußen, um zu sehen, was es zum Frühstück gab. Schon tappte ich in das nächstgelegenste Frühstückslokal und schneller als gedacht, hatte ich eine große, mit Milch gefüllte Schale in der Hand. Zum ersten Mal aß ich Sojamilch, ohne sie bestellt zu haben. Das war das Standardfrühstück in Taipei, und jeder, der ein solches Frühstückslokal betrat und nichts anderes bestellte, bekam sie in die Hand gedrückt. Dazu konnte man aus verschiedenen Sandwiches wählen, oder man nahm Teigtaschen, Baozi, Reissuppen und gebackene Teigringe. Viele gingen sogar im Pyjama mit Hausschuhen und Nachthaube in die Frühstückslokale. Danach besuchten die Damen den Friseur, ließen sich ihr Haar hochstecken und schminken. Die Herren bekamen eine Rasur. Erst danach kleidete man sich für den Arbeitstag.

Zwischen meinem neuen Zuhause und der Universität lag ein Nachtmarkt. Lauter kleine Stände, aber auch winzige feste Lokale, die die ganze Nacht offen hatten. Gassenweise lief ich an bunt beleuchteten Foodstands und kleinen Restaurants vorbei. Meine Nächte dufteten und dampften. Ich war im Essparadies angekommen, umgeben von Speisen, die ich noch nie gesehen, geschweige denn gekostet hatte. Mein erstes Essen in Taipei waren gebratene Baozi, Sesam-Hefe-Knödelchen, gefüllt mit Schweinefleisch und Jungzwiebeln. Sie werden zugedeckt in Öl gebraten, sind außen knusprig, innen saftig, flauschig und würzig. Eine kulinarische Offenbarung!

Wie entstand in Taiwan eine so facettenreiche Kulinarik?
Die subtropische Insel liegt etwa 250 Kilometer vor dem chinesischen Festland. Ihre vielfältige Geschichte darf – aber keinesfalls nur – aus dem Kontext der chinesischen heraus verstanden werden. Bevor eine größere Anzahl erster Han-Chinesen sich auf der Insel niederließ, lebten auf Taiwan Jahrtausende lang etwa zwanzig unterschiedliche Gruppen austronesischer Herkunft. Die gesamte Besiedelung des Pazifiks erfolgte später durch diese Völker und ist eine der großen, noch wenig erzählten Geschichten dieser Welt.[14] Der Pazifik ist der größte Ozean der Erde, und die Menschen waren damals ohne Kompass, aber mit unglaublicher Segeltechnik auf dem »stillen Ozean« unterwegs. Dabei entdeckten, erforschten und – gelegentlich – besiedelten sie seine Inseln.

2. Wie ein Chinese aus mir wurde

Ich wollte Chinese werden und wissen, was passiert, wenn man eine andere Kultur annimmt. Deshalb ging ich dorthin, wo in Taipei das Leben stattfand: an die Uni, in Diskussionsgruppen über chinesische Literatur und Lyrik – und in die Restaurants. Diese waren besonders aufschlussreich. 30 Prozent der taiwanesischen Bevölkerung sind Buddhisten und essen kein Fleisch. Deshalb herrscht in der Hauptstadt kein Mangel an vegetarischen Lokalen. Mittags bieten sich die Buffets an, die mit ihrem ungeheuer vielfältigen Angebot keine Wünsche offen ließen. Viele davon lagen im Studentenviertel ganz in meiner Nähe. Hunderte verschiedene Speisen türmten sich auf langen Tischen, die

---

[14] Vgl. Papers from 2019 International Austronesian Language Revitalization Forum: *The Origins of the Austronesians. O nalacolan no Nan-taw.*

meisten auf Basis von Gluten-Eiweiß oder Sojaprodukten. Welch Gegensatz zu österreichischen oder europäischen Mittagstischen! So habe ich nicht nur Sojamilch kennengelernt, sondern auch eine Menge anderer Soja-basierter Nahrungsmittel. Tofu stand dabei an erster Stelle, aber nicht nur eine Art von Tofu, sondern es gab Tofuhaut, weichen und harten Tofu, Seidentofu, elastischen und getrockneten Tofu. Es gab ihn mariniert, gebraten, gefroren und frittiert.

Lässt man sich auf eine andere Kultur ein, dann lässt man sich auch auf eine andere Art des Kochens und Essens ein. Diese Offenheit für verschiedene Arten von Gerichten, sie zu kochen, die Art und Weise zu speisen, sie kam mir nie mehr wieder abhanden. Eine solche Erfahrung prägt und verändert einen für immer.

3. Der Küchengott

Essen ist in Taiwan nicht nur Kultur, sondern hat mitunter eine spirituelle Qualität. Zu Neujahr etwa wird in traditionellen Haushalten ein Brei aus Klebereis und roten Bohnen gekocht und anschließend einem aus Holz geschnitzten Gesicht um den Mund geschmiert. Das hölzerne Gesicht ist der sogenannte »Küchengott«. Der Brei dient als eine Art Bestechung. Denn der Küchengott fährt zu Neujahr in den Himmel und berichtet dort über seine Familie unten auf der Erde. Wenn er davor süßen Brei gegessen hat, dann wird er satt und zufrieden sein und nichts Schlechtes über seine Familie berichten.

4. Konvergenzpunkte

Essen und Medizin sind in China ein Kontinuum ohne scharfe Grenze. Die Suppen wärmen im Winter und kühlen im Sommer. Wenn es feucht ist, gibt es anderes Essen, als wenn es trocken ist. In manchen Restaurants misst einem jemand den Puls, und anhand des Pulsschlags wird das passende Essen bestellt. Oder man wird zu Folgendem aufgefordert: »Zeig mir deine Zunge, und ich sage dir, was du essen musst.«

Dass Essen das Gemüt beeinflusst, ist in so einem Denken selbsterklärend. Wenn man traurig, abgeschlafft oder melancholisch ist, wird das in China zuerst auf die falsche Ernährung zurückgeführt. Über den Zusammenhang zwischen Ernährung, Darmflora und seelischem Zustand wird in den letzten Jahren auch in der westlichen Medizin immer mehr wissenschaftlich geforscht.

Durch dieses Eintauchen in das chinesische Ernährungsdenken habe ich selbst ein Interesse für die Verbindung zwischen körperlichen und seelisch-geistigen Prozessen entwickelt. In China steht außer Frage, dass Körper und Geist unzertrennlich verbunden sind – auf der eine Seite die tiefsten unbewussten Prozesse und auf der anderen das Göttliche. Jeder, der sich mit Yoga und Chakren beschäftigt hat, kennt das Konzept. Durch diese Praxis wird das Körperliche wichtiger. Umgekehrt ist auch die Nahrung des Geistes ein körperlicher, zugleich aber spiritueller Prozess. In jedem Park sieht man Menschen, die Tai-Chi praktizieren. Diese Gedanken und die Entwicklung meines eigenen Bewusstseins für diese Unterschiede haben mich geprägt. Als Erkenntnis habe ich aus Taiwan mitgebracht: Körperliche- und seelische Prozesse sind nicht getrennt, sondern eine Einheit.

Wenn man so denkt, dann folgt daraus, dass es keine absolut richtige und falsche Ernährung gibt, sondern für jeden Menschen, für jeden Zustand, für jede Jahreszeit die richtige oder auch die falsche.

Als ich später beruflich mit der Sojabohne zu tun hatte, wollte ich die Gesundheitsaspekte von Soja beleuchten. In Taipei hatte ich mich zuvor mit chinesischer Technologie und Wissenschaft beschäftigt. Unter anderem auch mit Joseph Needham, dem berühmten Sinologen. Er stellte vor allem die Frage, warum die moderne Wissenschaft nicht in einem Land wie China entstanden ist, in dem sie so fortgeschritten war und in dem so viel Wissen angehäuft wurde. Needham erklärte das mit dem Aspekt des mangelnden Vertrauens. Während in Europa Wissen von Meistern an Schüler weitergegeben, öffentlich gemacht und publiziert wurde, war ein großer Teil des Wissens in China Geheimwissen. Nur die eigene Familie, die eigenen Kinder durften es lernen. Durch diese Handhabe verschwand über die Zeit hinweg sehr viel an Erkenntnis.

Needham listete die Konvergenzpunkte verschiedener Wissenschaften auf. Ein Konvergenzpunkt in der Wissenschaft ist jener Punkt, an dem die moderne Wissenschaft, die moderne Physik, die moderne Chemie, entstanden ist – also der Punkt, an dem Chinesen, Inderinnen, Amerikaner, Europäerinnen ihr Wissen zusammengelegt und sich geeinigt haben, dass sie gemeinsam, von einem gemeinsamen Standpunkt aus, weiterforschen möchten. Das ist der Grund, warum es heute keine indische Mathematik, chinesische Physik oder südamerikanische Astronomie gibt. Es gibt nur die Physik, die Mathematik, die Chemie. Der Konvergenzpunkt in der Physik liegt im Jahr 1543, in der

Astronomie im Jahr 1612. Nur bei der Medizin, so Needham, sei noch kein Konvergenzpunkt erreicht. Es gibt vielleicht deshalb keine einheitliche moderne Medizin, weil es nicht gelungen ist, indische Ayurveda-Medizin, chinesische Medizin und westliche Medizin zu einer Medizin zu vereinen. Diese beruhen auf unterschiedlichen Grundsätzen und auf einem unterschiedlichen Menschenbild.[15]

Vereinfacht gesagt würde ein chinesischer Arzt sagen, jemand ist gesund, dessen Körper und Geist in Harmonie mit dem Kosmos leben und dessen innerer Körper-Kosmos folglich in Harmonie ist. Ein europäischer Arzt würde sagen, wenn einem nichts weh tut und man viel Energie hat, dann ist man gesund. In der chinesischen Medizin werden Krankheiten oft als Symptome für dahinterliegende Disharmonien oder Mangelzustände gesehen. Deswegen ist der Versuch, traditionelle chinesische Methoden wissenschaftlich innerhalb des evidenzbasierten Paradigmas zu falsifizieren, nicht so einfach umzusetzen. Würde eine Studie in Auftrag gegeben, bekämen die Teilnehmerinnen unterschiedliche Therapien. Die TCM ist nicht die chinesische Medizin, sondern ein Versuch des chinesischen Parteienstaats nach 1949, die chinesische Medizin in eine akzeptable Form für die westliche, evidenzbasierte Medizin zu bringen.

Die Erfolge der westlichen Medizin werden von allen chinesischen Medizinern anerkannt. In China geht man bei schweren Erkrankungen zuerst zu einem westlich ausgebildeten Arzt, lässt sich »reparieren« und parallel zu einem TCM-Arzt, um die da-

---

[15] Vgl. Needham, Joseph: *Wissenschaft und Zivilisation in China.*
Suhrkamp Taschenbuch Wissenschaft. Frankfurt am Main, 2001.

hinterliegenden Ungleichgewichte ins Lot zu bringen. Gleichzeitig ist die heilende Beziehung zwischen Ärztin und Patient ein wesentlicher Teil des medizinischen Erfolgs. Der Placeboeffekt muss genutzt werden, er ist so stark, dass es schwer ist, Medikamente und Therapien zu entwickeln, die noch stärker sind. Das Vertrauen des Patienten in den Arzt und die Behandlung ist mitentscheidend für den Erfolg jeder Therapie. Gleichzeitig ist guten Ärzten auch bei uns bewusst, dass sie grundsätzlich wenig wissen. Dieser Spagat zwischen Selbstbild als Lernendem und Zweifelndem und der Projektion des Vertrauens in den Arzt ist einer der interessantesten und schwierigsten Spagate des Arztlebens.

Es gibt wenige Studien, die die Auswirkungen der Ernährung auf die menschliche Gesundheit erforschen. Eine junge europäische Medizinstudentin lernt in ihrem Studium, dass ungesundes Essen negative Auswirkungen auf den Körper hat, über die Auswirkungen von gesundem Essen gibt es jedoch kaum Forschungen.

5. Was wird in Europa gegessen und woher stammt es?

Fast alles, was wir in Europa essen, kommt nicht aus Europa. Wir ernähren uns und leben hauptsächlich von Nahrungsmitteln von anderen Kontinenten. Die meisten Pflanzen, die wir essen, kommen ursprünglich aus Südamerika oder Vorderasien, aus dem alten Orient. Wenn wir nur essen würden, was in Österreich, Deutschland und der Schweiz endemisch ist, dann müssten wir uns auf Dinge wie Heidelbeeren, Schlehen und Pilze beschränken. Man kann natürlich auch bei einem Spaziergang durch Wald und Feld viel Essbares finden – vom Sauerampfer bis zur Distel. Tatsächlich essen wir aber sehr wenig davon. Äpfel, Birnen, Marillen, Nüsse, alle Tiere, die wir schlachten, von Rindern über

Schweine, sind Einwanderer. Äpfel kommen ursprünglich aus Zentralasien, sie wurden bereits 10 000 Jahre vor Christus in Kasachstan, in Almaty, der Stadt des Apfels, angebaut. Der Name »Almaty« bedeutet so viel wie: Dort wo es voll mit Äpfeln ist. Aus Südamerika kommen Kakao, Kaffee, Mais und Kartoffel. Gerste und Weizen, aber auch alle anderen Gräser stammen aus Mesopotamien. Das heutige helle Hausschwein kommt von seiner Genetik her aus China. Die europäischen Schweine vor dem 16. und 17. Jahrhundert waren eher dunkel wie Wildschweine.

Aus China kommen auch zwei der großen landwirtschaftlichen Weltkulturen: der Reis und die Sojabohne. Man begrüßt sich dort mit der Frage: *Nǐ chī fan le ma?*, also »Hast du schon Reis gegessen?« Damit ist eigentlich gemeint, ob man schon gegessen habe und zugleich, ob es einem gut gehe. So wichtig ist dort also der Reis. Sojabohnen sind heute weltweit die zweit- oder drittgrößte Ackerfrucht und die am meisten exportierte, sie sind die größte »Export Commodity«, der größte Warenexport in der Welt des Ackerbaus.

Die Sojabohne ist in ihrer vom Menschen gezüchteten Kulturform nicht so alt wie Weizen oder Mais. Sie ist ungefähr 3.000 Jahre alt und kommt aus Nordchina – wo ein Klima herrscht, das dem mitteleuropäischen nicht unähnlich ist. Ursprünglich war sie ein Unkraut, eine wilde Rankpflanze. Die Menschen entdeckten aber, wie wohlschmeckend und nahrhaft ihre Bohnen waren und begannen, sie zwischen den Feldern als »Zwischenfrucht« zu kultivieren. In China wurde sie früher fast ausschließlich als Produkt für die menschliche Ernährung genutzt. Die chinesische Bevölkerung nennt sie »Große Bohne« 大豆. Das »groß« bezieht sich nicht auf ihre Größe, sondern es ist ein ehrerbietendes Attribut. Später hat sie sich weiter nach Japan und Korea verbreitet, dort spielt sie auch im Volkstum eine wichtige Rolle. *Setsubun*, der auf den 3. Februar fällt, ist in Japans altem Kalender der Tag, durch den zwei Jahreszeiten voneinander geteilt werden, der Winter endet und der Frühling beginnt. Dieser Tag und auch der darauffolgende werden so begangen, als würde die alte Zeit gereinigt werden müssen, damit eine gute, neue Zeit beginnen kann. Das bekannteste Ritual, das mit *Setsubun* in Verbindung gebracht wird, nennt sich *Mamemaki* 豆撒き. Dabei werden geröstete Sojabohnen, *Fukumame* 福豆, sogenannte »Glücksbohnen«, entweder bei der Eingangstür in hohem Bogen hinausgeworfen oder ein Familienmitglied trägt eine *Oni*, eine Dämonen-Maske, und ruft dabei: »Teufel hinaus, Glück herein« 鬼は外! 福は内!, *Oni wa soto! Fuku wa uchi!*

Die Bohnen stehen als Symbol für die Reinigung des Hauses, sie sollen die bösen Geister, die Unglück oder Krankheit bringen, vertreiben. Umgekehrt bringt es Glück, so sagt es der Brauch, geröstete Sojabohnen zu essen. Man soll eine Bohne pro Lebensjahr und eine noch dazu für das Glück des kommenden Jahres verzehren. Der Brauch des *Mamemaki* trat zum ersten Mal in der *Muromachi*-Periode auf und wird normalerweise von einem Mann der Familie, dessen Sternzeichen dem Sternzeichen des chinesischen Jahres entspricht, aufgeführt. Viele Menschen besuchen zusätzlich oder als Ersatz das Frühlingsfestival eines Tempels oder Schreins, wo die *Mamemaki*-Rituale durchgeführt werden. In manchen Gegenden, wie auch in Kyoto, tanzen Geishas, während Lehrlinge in Gold- und Silberfolie gewickelte geröstete Sojabohnen in die Menge werfen. In anderen Städten streuen Priester Kuverts mit Geld, Süßigkeiten und gerösteten Bohnen in die Menge. Berühmte Persönlichkeiten sind eingeladen und die Veranstaltungen werden im Fernsehen übertragen.

China ist ein unfassbar großes Land. Im Norden ist es sehr kalt, im Süden liegen subtropische bis tropische Gebiete. Die Sojabohne musste sukzessive über hunderte, ja, tausende Jahre an immer wärmere Gebiete gewöhnt werden. Von der chinesischen Bevölkerung wurde sie langsam an den Süden angepasst, weshalb sie heute oft als eine tropische Pflanze angesehen wird, was sie aber nicht ist. Es gibt Sorten, die gut in den Tropen, in denen die Tage immer gleich lang sind, gedeihen – diese werden in Mitteleuropa nicht reif. Einige entwickeln durch ihren genetisch festgelegten Photoperiodismus eine Blühhemmung, wenn die Tage zu lang sind, doch dazu später im Detail.

6. Aminosäuren in der Sojabohne

Wenn man sich die Sojabohne genau ansieht, so hat man ein unglaubliches Geschenk der Natur vor sich. Es gibt keine andere Pflanze mit einem Eiweißgehalt von 40 Prozent, die zusätzlich auch noch alle proteinogenen Aminosäuren enthält.

Die acht essentiellen Aminosäuren sind wesentliche Bausteine des Lebens – wir Menschen brauchen sie, können sie jedoch nicht selbst herstellen.

Dazu ein kleiner chemischer Exkurs: Aminosäuren sind organische Verbindungen, die aus Kohlenstoff (C) und Wasserstoff (H) bestehen. All die Bestandteile, die in diesen Verbindungen nicht Kohlenstoffe und Wasserstoffe sind, sind meist funktionelle Gruppen. Die Aminosäuren sind dadurch definiert, dass sie eine Carbonsäuregruppe, COOH, haben und eine Aminogruppe, NH2. Daher auch ihr Name. An ihrem Molekül hängen noch jeweils ein Wasserstoff und ein Rest – dieser Rest definiert sie. Für den Menschen wichtig sind die zwanzig proteinogenen Aminosäuren, das sind jene, aus denen Proteine/Eiweiße aufgebaut sind. Der ganze menschliche Körper besteht aus Proteinen/Aminosäuren. Wenn man ein Aminosäuremolekül hat, dann gehen die Aminosäuren untereinander Bindungen ein, sie bilden eine Kette mit tausend bis 34 000 Gliedern – so groß ist das größte humane Protein im Körper, es heißt Titin, ist ein elastisches Protein und in etwa 3,6 Megadalton schwer. Es gibt zwanzig Proteinogene und proteinogene Aminosäuren erzeugen die Proteine. Es gibt aber auch tausende nicht proteinogene Aminosäuren, die jedoch irrelevant sind. Je nachdem welche Restgruppe an ihnen hängt, kann man sie in saure, basische, polare und unpolare Aminosäuren einteilen. Von den essentiellen Aminosäuren gibt es acht: Histidin, Leucin, Lysin, Methionin, Phenylalanin, Threonin, Tryptophan und Valin. Essentiell bedeutet in diesem Fall, dass der Körper sie nicht selbst herstellen kann. Der menschliche Körper hat die Möglichkeit, vor allem in der Leber, Aminosäuren ineinander umzuwandeln oder sie neu zu synthetisieren, sie also neu aus anderen Stoffen herzustellen. Bei den acht essentiellen Aminosäuren geht das jedoch nicht, der Körper muss sie zwingend mit der Nahrung aufnehmen: Es gibt eine Aminosäure, die nur für Kinder essentiell ist, das Histidin. Semiessentiell sind Arginin und Histidin, sie sind notwendig für das Wachstum oder während einer Genesung.

In der Sojabohne sind alle essentiellen und auch alle semiessentiellen Aminosäuren enthalten, sie ist also ein unglaubliches Wunder der Natur. Das Argument, Fleisch essen zu müssen, um alle proteinogenen Aminosäuren aufzunehmen, ist demnach überholt.

7. Das Glück des Tofus

Sehr früh fand man im alten China heraus, dass aus der Soja-bohne eine Art Milch gemacht werden kann. Es gibt historische Zeichnungen, die den klassischen Sojamilcherzeugungsprozess abbilden. Die Methode ist eine sehr alte und sehr einfache, auch heute noch wird die Milch auf diese Art zu Hause zubereitet. Die Bohnen müssen in einer Schüssel mit Wasser über Nacht einge-weicht werden, in der Früh mahlt man aus der Masse mit dem Stabmixer, früher mit einer Mühle, einen Brei, der dann zehn bis fünfzehn Minuten aufgekocht wird. Danach wird die Milch durch ein Tuch abgeseiht, ist fertig und kann sofort getrunken werden. Einfach und natürlich, nichts daran ist kompliziert. Auf Basis dieser Sojamilch haben die Chinesinnen in der Folge sehr viele weitere Produkte entwickelt, wie den bereits erwähnten Tofu und sehr viele verschiedene, mit ihm verwandte Produkte. Für die Erzeugung von Tofu wird die Sojamilch mit einem Gerinnungsmittel behandelt, dadurch entsteht eine Art Topfen, Quark oder Käsebruch, aus dem man die restliche Flüssigkeit presst, unterschiedlich lange, je nach Wunsch und gewünsch-tem Härtegrad des Tofus. In China ist all das seit Jahrtausenden Normalität.

Wenn man in der westlichen Welt hört, Soja sei etwas Neues oder Ungewöhnliches, dann lachen die Menschen aus China. Dort trinkt man zu beinah jedem Essen Sojamilch oder isst Tofu. Mittlerweile ist zum Beispiel auch wissenschaftlich belegt, dass die in der Sojabohne enthaltenen Phytoöstrogene und Östrogen-rezeptoren maßgeblich an der Spermatogenese, der Entstehung von Spermien, beteiligt sind.

Tofu ist zudem ein hochkulinarisches Produkt. In Tokyo gibt es hunderte Tofu-Restaurants, die sogar Michelin-Sterne haben. Die Menschen essen Tofu, weil er toll schmeckt. Die Vielfalt und die Varietäten sind unbegrenzt. Tofu ist mit frischem Brot vergleichbar. Es gibt sogenannte »Tofu-Frauen« oder »Tofu-Männer«, die nachts frischen Tofu produzieren, damit es ihn früh morgens, wenn alle zur Arbeit gehen, schon auf dem Markt gibt. Er wird dann auch am gleichen Tag gegessen, so wie bei uns eben das frische Brot. Weil der Absatz so groß ist, gibt es an jeder Ecke kleine Tofu-Läden, so wie bei uns Bäckereien. Bei uns wird Tofu zum Glück auch immer wichtiger, die Bandbreite wächst, und auch die Qualität wird immer besser.

Sollte jemand ein begeisterter Tofu-Liebhaber sein und dies in China auch ausdrücken wollen, ist Vorsicht bei der Wortwahl geboten. In der Han-Dynastie vor 1.800 Jahren ereignete sich folgende Geschichte: Ein Ehepaar eröffnete einen Tofu-Shop. Die Frau war wunderschön und sehr verführerisch. Die Bewohner der Umgebung nannten sie *Tofu Xishi*, die Tofu-Königin. Männer kamen scharenweise in den Laden, um mit ihr zu flirten und taten dabei so, als seien sie gekommen, um Tofu zu essen. Während sie bezahlten, berührten sie jedoch ihre zauberhaften Hände. Später wurde die Redewendung »Tofu essen« ein Synonym für Männer, die Frauen unangemessen betatschen oder lüstern angucken. Im alten China war es generell so, dass die Tofu-Läden von Ehepaaren geführt wurden. Die Ehemänner pressten den Tofu über Nacht, ihre Frauen verkauften ihn tagsüber. Doch die Kunden kamen oft nur in die kleinen Läden, um mit den Inhaberinnen zu flirten, woraufhin ihre eigenen Ehefrauen eifersüchtig wurden und wütend fragten: »Und, gehst du heute wieder der Tofu essen?«

In den 1930er-Jahren begann die Wendung »Eat Tofu« in Shanghai, humorvoll und sarkastisch konnotiert, ihre Kreise zu ziehen. Man verwendet sie heute noch für Männer, die Frauen unsittlich ansehen oder berühren.

KAPITEL 5

DIE GESCHICHTE DER SOJABOHNE UND WIE SIE VON CHINA ZUM RIESENRAD UND VOM RIESENRAD IN DIE WELT GING

1. Wie die Sojabohne zur Weltausstellung nach Wien kam

Im Westen war die Sojabohne nicht unbekannt, sie wurde im 17. Jahrhundert zum ersten Mal nach Europa importiert, mit der Bezeichnung *Glycine max*. Der Biologe Engelbert Kämpfer brachte sie nach einem längeren Japan-Aufenthalt mit nach Deutschland. Die ersten Pflanz- und Adaptionsversuche scheiterten. Interessanterweise ist sie im Gegenzug zu Reis, Zucker oder Mais weder in größerem Stil importiert noch in Europa oder Amerika heimisch geworden, sie blieb vorerst auf ihrem Kontinent. Dies änderte sich erst mit der Weltausstellung in Wien im Jahr 1873, die unter einer erstmaligen Teilnahme von Japan und China stattfand, was große internationale Neugierde weckte. Die Ausstellung war im Prater stationiert, einem Gebiet in den Donau-Auen, wo man für diesen Anlass eine Rotunde erbaute, in dessen Nähe das berühmte, später errichtete Wiener Riesenrad steht. Noch heute kann man im Pratermuseum ein Modell der Pavillons der Weltausstellung besichtigen. Die Monarchie wollte sich durch das Abhalten dieses Großereignisses – nach den verlorenen Schlachten und Kriegen vor und nach Königgrätz – in der Welt wieder als aufstrebendes Reich präsentieren. In Wahrheit aber war die Wiener Weltausstellung des Jahres 1873 ein

Flop, die Börse krachte zu dieser Zeit, eine Geldentwertung fand statt, dazu brach noch eine Choleraepidemie aus und gleichzeitig fanden in ganz Europa Hungersnöte statt. Viele Leute trauten sich nicht, nach Wien zu reisen. Und trotzdem, in einem Punkt war die Weltausstellung doch erfolgreich, denn alle waren neugierig und wollten wissen, was Japan und China zur Ausstellung mitbringen würden. Vor allem am japanischen Kaiserreich hatte man allerhöchstes Interesse weil das Land bis zur Mitte des 19. Jahrhunderts völlig abgeschlossen war, sich jedoch nach der Öffnung in Hochgeschwindigkeit zu einem Industriestaat entwickelt hatte.

Nun wollten die Wissenschaftler sehen, was Japan aus dem fernen Osten mitgebracht hatte und was die beiden Staaten präsentieren wollten. Was sie zeigten, sollte langfristigen Einfluss auf den Wiener Jugendstil, auf unsere Künstler, wie zum Beispiel Gustav Klimt und Egon Schiele, haben. Jeder und jede, der oder die etwas auf sich hielt, besichtigte die Ausstellung. Neben Kunst- und Technikexponaten waren auch Agrarrohstoffe und Agrarprodukte nach Wien gebracht worden und unter diesen befand sich auch die Sojabohne.

Im Jahr 1878 schrieb Professor Friedrich Haberlandt, die Sojabohnen der Weltausstellung seien sowohl aus Japan und China als auch aus der Mongolei, aus Transkaukasien und aus Tunesien gekommen. Es seien nicht weniger als zwanzig Sorten gewesen. Fünf waren gelbsamig, drei schwarzsamig, drei grünsamig und zwei waren braunrotsamige Variationen aus China. Eine gelbsamige Sorte und drei schwarzsamige Varianten kamen aus Japan. Eine schwarzsamige aus Transkaukasien, zwischen dem Schwarzen und dem Kaspischen Meer. Die grünsamige Variante stammte von Tunesien.[16] Im Wiener Weltmuseum liegen nach wie vor die ersten Sojabohnen Wiens, sie sind dort in kleinen Schächtelchen ausgestellt.

Als Kaiserin Sisi die Weltausstellung besuchte, begutachtete auch sie die Sojabohnen. Es gibt einen wunderschönen Holzstich, der die sonst eher öffentlichkeitsscheue österreichische Kaiserin auf einer kunstvollen Brücke im Garten des japanischen Pavillons abbildet. Bei der großen Eröffnungszeremonie der Weltausstellung schüttelte Sisi sämtlichen Ehrengästen die Hände, selbstverständlich in Handschuhen. Obwohl damals nicht viel darüber berichtet wurde, war diese Veranstaltung von größter Bedeutung für die Geschichte der Sojabohne in Europa.

Kaiser Franz Joseph I. vergab im Vorfeld an verschiedene Professoren den Auftrag, sich anzusehen, was die verschiedenen Länder mitgebracht hatten. Der oben erwähnte Professor Friedrich Haberlandt, Landwirtschaftsforscher und Gründungsrektor der Wiener Universität für Bodenkultur, schrieb nach seinem Besuch der Ausstellung einen Bericht an den Kaiser: Es gäbe viel Interessantes aus China und Japan, aber das absolut Beste sei die Sojabohne. Mit ihr, so schrieb er, könne Europa viele seiner aktuellen Probleme lösen. Hungersnöte könnten in Zukunft verhindert werden, weil es mit Soja ein eiweißreiches Nahrungsmittel im Überfluss gäbe. Haberlandt empfahl ihre unbedingte Einführung und korrespondierte umgehend mit Japan und China, mit dem Ziel, die »Wunderbohne« nach Österreich zu holen und weiter in die ganze Welt zu verbreiten. Die ersten Proben, die er erhielt, waren jedoch nicht geeignet, weil sie zu südlich domestiziert waren, sie wurden in unseren Breitengraden nicht reif. Im zweiten oder dritten Jahr

---

bekam er endlich die richtigen Sorten, die dann auch wirklich wuchsen und reiften. In einer unglaublichen Leistung hatte er es geschafft, dass an zweihundert Orten in Europa gleichzeitig zum ersten Mal Sojabohnen angebaut wurden und seine Korrespondenzpartner berichteten ihm aus allen Himmelsrichtungen über den Verlauf des Wachstums. Von Österreich bis Dänemark, von Holland, Frankreich und der Schweiz bis nach Norditalien, er ließ die »Große Bohne« in ganz Europa sprießen und sammelte Berichte über Erfolg und Misserfolg des Prozesses. Dazu findet man zum Beispiel Notizen dieser Art: »Ja, die Sojabohnen sind gut gewachsen, es war wunderbar, nur leider haben dann die Hasen alles aufgefressen.«

Haberlandt veröffentlichte im Jahr 1878 sein Opus Magnum über die Sojabohne:

»Die ersten Anbauversuche mit einem Theile der auf der Wiener Weltausstellung im Jahre 1873 erworbenen Spielarten der Sojabohnen wurden von mir erst im Jahre 1875 vorgenommen. [...] Die Pflanzen jener 3 Varietäten der Sojabohne, welche im Jahre 1875 zur vollständigen Entwickelung gelangten, occupirten je einen Beetstreifen, welcher 3 Meter lang und 0,3 Meter breit war.

Die Zeit der Blüthe und Fruchtreife fiel bei
Nr. 1, der braunrothen Varietät aus China, auf den 28. Juni und 11. September;
Nr. 2, der lichtgelben Varietät aus China, auf den 1. Juli und 11. September;
Nr. 3, der lichtgelben Varietät aus der Mongolei, auf den 29. Juni und 11. September;
Das Beet Nr. 1 enthielt 27. Nr. 2 25, Nr. 3 je 5 Pflanzen, daher jede

Pflanze im Druchschnitt einen Wachsraum von wenig über 4 Qua-
dratdecimeter zugewiesen erhielt.

An Samen wurde geerntet bei Nr. 1 249, 2 Gramme, bei Nr. 2 336,
5 Gr., bei Nr. 3 196, 9 Gr., wonach sich pro Hectar ein Samenertrag
berechnen würde, für:

Nr. 1 von 2769 Kilogr.
Nr. 2 von 3739 Kilogr.
Nr. 3 von 2177 Kilogr.

Man ersieht hieraus die hohe Ertragsfähigkeit der Sojabohne, freilich
unter der Voraussetzung eines gleichförmigen Bestandes;«[17]

1878 verstarb er, und seine Versuche und Bestrebungen des weiteren Anbaus wurden nicht weitergeführt. Das Buch blieb allerdings wichtig: Die Bohne wurde durch Haberlandts Schriften in
Amerika und weltweit bekannt, zeitweise wurde sie sogar
»Haberlandt-Bohne« genannt, und sein Werk spielte bei ihrer
weltweiten Verbreitung eine große Rolle.

Ich selbst habe von Professor Haberlandt erst viel später in
Japan erfahren. Bei einem Termin mit einer Sojafirma bekam ich
eine Einladung an die Kyoto-Universität. Der dortige Professor
Yukio Yamori sagte zu mir: »Oh, lieber Herr Krön, Sie kommen
ja aus Wien, aus der Stadt, in der der berühmte Professor Haberlandt gelebt hat.« Ich wusste nicht, wer Herr Haberlandt war, ich
hatte noch nie von ihm gehört. Das war mir sehr unangenehm.

---

[17] Haberlandt, Friedrich: *Die Sojabohne. Ergebnisse der Studien und Versuche über*
die Anbauwürdigkeit dieser neu einzuführenden Culturpflanze. Wien, 1878.

Deshalb haben wir für ihn vor einigen Jahren eine Gedenktafel an seinem Haus, in der Löwenburggasse 2-4, im 8. Wiener Gemeindebezirk, anbringen lassen. Auf ihr wird auf Deutsch, Japanisch, Englisch und Chinesisch seine Geschichte erzählt. Auch hängt in der Aula der heutigen Universität für Bodenkultur ein großes Bild von ihm.

Für die Entwicklung der Sojabohne in Österreich waren sowohl die Gründung der Universität für Bodenkultur als auch die Weltausstellung des Jahres 1873 entscheidend. Von jener Zeit an begann man, vor allem in Krisenzeiten, wieder vermehrt Soja anzubauen. In den Hungersnöten während des Ersten Weltkriegs und vor allem in jenen danach, herrschten Versorgungsprobleme. Die Vorteile der Hülsenfrüchtler, der Leguminosen, wurden schnell bekannt und man baute sie wieder an. So entwickelte sich die Geschichte der Sojabohne Hand in Hand mit der wirtschaftlichen und politischen Geschichte Europas und jener der Welt.

In Österreich züchtete Franz Anton Brillmayer im Jahr 1921 die erste europäische Sorte, »Platters Gelbe«, unterstützt von der österreichischen Bundesanstalt für Pflanzenbau und Samenprüfung im Niederösterreichischen Platt, nahe Hollabrunn. Brillmayer griff dabei nicht auf die Haberlandt-Bohnen zurück, sondern auf Bohnen eines Heimkehrers aus sibirischer Kriegsgefangenschaft, der sie in einem Zündholzschächtelchen mitgebracht hatte.[18]

In der Zwischenkriegszeit wurden Sojabohnen stark propagiert, weil man sah, dass tierische Produkte durch effizientere

---

[18] Vgl. Puchberger, Magdalena: *Eine Bohne für alle Krisen.* Artikel in der Wochenzeitschrift *Die Furche.* Wien, 19. Juni 2019.

und billigere pflanzliche Produkte ersetzt werden konnten. Es gibt sogar ein Wiener Soja-Kochbuch, das Brillmayers Frau Friedl zusammen mit Henriette Cornides publizierte und in dem die beiden zeigten, wie man einen Wiener Gugelhupf mit Soja backen kann, um damit Ei und Butter zu sparen. Eine Firma namens »Wiener Edelsoja«, hatte ein spezielles Röstverfahren zur Entbitterung der Bohnen entwickelt. Danach wurden sie zu direkt verwendbarem Mehl gemahlen. Durch dieses Mehl spare man Ressourcen und Zeit, wurde bis nach Deutschland propagiert.

Franz Anton Brillmayer hatte Vieles vorausgesehen, das heute bereits eingetreten ist. Etwa als er Soja als einen kommenden wirtschaftlichen Weltmachtfaktor bezeichnete, oder er in der Bohne die Möglichkeit sah, die Ernährungssünden der Menschheit wieder gutzumachen.[19]

Auch der deutsche Bundeskanzler Konrad Adenauer, der sich neben seinem Amt als Erfinder versuchte, experimentierte mit Soja. Er erhielt im Jahr 1918 ein britisches Patent auf seine »Kölner Wurst«, sie wurde auch Adenauer-Wurst, oder Friedens-Wurst genannt, die er 1916 auf Grund des herrschenden Fleischmangels erfand. Damals war er noch nicht Kanzler, sondern stellvertretender Bürgermeister von Köln. Nach dem Krieg waren auch in Deutschland die Lebensmittel knapp und Adenauer entwickelte mithilfe eines Fleischhauers ein Verfahren zur Verbesserung des Geschmacks von Pflanzenmehlen, indem er diese mit Fleisch vermischte und daraus eine Wurst machte. Hauptbestandteil dieser Wurst war neben Sojamehl auch Fleisch, das

---

[19] Vgl. Puchberger, Magdalena: *Eine Bohne für alle Krisen.*
Artikel in der Wochenzeitschrift *Die Furche.* Wien, 19. Juni 2019.
https://austria-forum.org/af/Wissenssammlungen/Essays/Ökologie/Sojabohnen

durch das Pflanzenmehl seine Haltbarkeit verlängerte. Die Wurst schmeckte nicht besonders gut und konnte in Deutschland nicht patentiert werden, dafür aber in Österreich, England, Belgien, der Schweiz, in Dänemark und den Niederlanden.

2. Gedanken und Übergänge

Wir nehmen vieles als gegeben hin und denken erst darüber nach, wenn es nicht mehr ignoriert werden kann. Ich selbst komme aus einem klassischen Gymnasium, habe später Chinesisch studiert und mein einziger Zugang zur Landwirtschaft war der Kärntner Onkel mit seiner Schweinezucht. In unseren Breiten gehört das Wissen über die Landwirtschaft nicht zum Bildungskanon. Wir tun so, als ginge uns das nichts an. Tatsächlich aber ist dieses Wissen um die Grundlage unseres Lebens und unseres Essens entscheidend dafür, wie unsere Welt aussieht. Unsere Nahrung ist Grundlage unserer Kultur und sogar unserer Identität, wie es auch der Ethnologe Claude Lévi-Strauss in seinem *Le triangle culinaire* festhält. Die jeweilige Kultur einer Gesellschaft hat die Aufgabe, zwischen Natur und Kultur zu vermitteln.[20]

Dabei geht es nicht nur um die große Küche, sondern um jene Dinge, die wir täglich zu uns nehmen, die wir täglich für uns selbst und unsere Nächsten kaufen und zubereiten. Unser Geist und unser Körper hängen mit der Art und Weise zusammen, wie wir kochen und essen. Unsere Nahrung macht uns selbst aus, sie macht aus, wer wir sind oder sein möchten. Daher sollte das entsprechende Wissen ein zentraler Baustein unserer Bildung sein.

[20] Vgl. Lévi-Strauss, Claude: *Le triangle culinaire*. 1965.

Bohnen brauchte man in Europa, damit Stickstoff in den Boden gelangte. Sie düngten die Erde vor, damit im Folgejahr mehr Weizen wuchs. Im Mittelalter wusste man noch nichts über Stickstoff, aber man erkannte, dass mehr Getreideertrag zu erwarten war, wenn man an diesem Standort im Vorjahr Bohnen angebaut hatte. Dabei macht man sich einen Vorteil der Leguminosen zunutze. Leguminosen sind Hülsenfrüchte, Linsen und Bohnen, eine ganze Klasse von Pflanzen, die die Erde mit Stickstoff anreichern, weil sie als Pflanzen die Fähigkeit haben, aus der Luft Stickstoff im Boden zu binden. Stickstoff ist wichtig, weil er einerseits ein Baustein des Chlorophylls und deshalb notwendig für die Photosynthese ist, und andererseits ein Motor für vegetatives und generatives Wachstum sowie ein entscheidender Faktor für die Proteinbildung in den Leguminosen.

Auch Kuh- oder Schweinemistdünger ist stickstoffhaltig. Der Zyklus von Essen, Ausscheiden und Düngen ist ein sehr wichtiger. Im Mittelalter gab es in der traditionellen europäischen Landwirtschaft nur zwei oder drei wesentliche Stickstoffquellen: Den Humus aus dem Garten; den Wirtschaftsdünger, das ist der Mist der Nutztiere, und den Anbau von Bohnen, Erbsen und Linsen.

Wenn in einem Jahr Sojabohnen angebaut werden, dann wird im nächsten weniger Stickstoffdünger benötigt. Heute wird Stickstoffdünger mithilfe des Haber-Bosch-Verfahrens erzeugt: Aus atmosphärischem Stickstoff und Wasserstoff wird bei etwa 150 bis 350 Bar und Temperaturen bis zu 500 Grad Celsius mit sehr viel Erdgas Ammoniak produziert. Aus Ammoniak werden wiederum Düngemittel hergestellt. Auf unsere Felder wird heute also ein mit fossilen Rohstoffen hergestellter Dünger verteilt, anstatt die Düngung durch eine Pflanze zu bevorzugen. In Zeiten hoher Energiepreise wird der Stickstoffdünger teuer – eine weitere Motivation dafür, Leguminosen anzubauen.

Es geschah weitgehend unbemerkt, dass Europa im letzten Jahrhundert die Ernährung mit Bohnen aufgegeben und zunehmend auf Fleisch umgestellt hat. Ursprünglich galt dies als Zeichen für Fortschritt und Wohlstand. Dieser Prozess passierte zwar vor unseren Augen, bzw. vor den Augen unserer Eltern und Großeltern, dennoch nahmen viele diese Verschiebung nicht bewusst wahr, oder sie verstanden die Bewegungen und die Bedeutung dieser Veränderung nicht sofort. Heute wird unsere tierische Nahrung nun mit Sojabohnenschrot aus Übersee gefüttert. Die Tiere in unseren Ställen weiden also nicht auf unseren Wiesen, sondern am anderen Ende der Welt.

KAPITEL 6

PFLANZE ZWISCHEN INNEN UND AUSSEN[21]

1. Zur Pflanze selbst

Vor meinem Bett strahlt hell der Mond
Ich denke, da ist Reif, der auf den Wiesen liegt
Ich hebe meinen Kopf, um den Mond anzusehen
Ich senke ihn und denke an zuhause.

Li Bai

Die Sojapflanze gehört zur Ordnung der Leguminosae, der Hülsen-früchtler. Unter diesen zur Familie der Fabaceen und zur Gattung Glycine Willd. Die kultivierte Art ist als Glycine max (L.) MERR. eingestuft. Die Pflanze ist einjährig, ihre Sprossen kriechen und ihre Samen sind klein und haben leicht aufspringende Hülsen.[22]

---

[21] Das Wissen dieses Texts verdankt der Autor zu großen Teilen einem Interview mit: Vollmann, Johann. Professor an der Universität für Bodenkultur, Tulln. Institut für Pflanzenzüchtung. Interview geführt am: 29. Oktober 2021, 14:00 MEZ. Ort: Technische Universität, Tulln, Österreich.

[22] Weinberger, Lukas: *Diversität in Samenmerkmalen eines Sojabohnengenbanksortiments.* Diplomarbeit. Universität für Bodenkultur, Wien. April, 2008. Eingereicht bei Prof. Johann Vollmann.

Die Sojabohne ist in der Lage, selbst Stickstoff zu produzieren, was bedeutet, dass sie im Anbau keine zusätzliche Stickstoffdüngung benötigt und dass die Erde, in der sie gewachsen ist, auch für das Folgejahr und somit auch für andere Pflanzen sehr viel Stickstoff anreichern wird. Dieser tolle Effekt macht sie zu einer nachhaltigen Pflanze. Die Stickstoffproduktion findet in einem beinah magischen Vorgang unter der Erde statt, es handelt sich um eine Symbiose zwischen einem Wurzelhärchen der Sojabohne und dem Bakterium Bradyrhizobium japonicum.

Der Samen wird in die Erde gesetzt, keimt, die Wurzel beginnt zu wachsen. Anfangs wächst sie schneller als die Pflanze an der Oberfläche, bildet Pfahlwurzeln, in späteren Entwicklungsphasen entstehen auch seitlich und zufällig wachsende, sich verzweigende Wurzelarme.[23] Die Formbildung der Wurzeln hängt mit der Aktivität der Stickstoff-Fixierung zusammen. Das Ziel der Zucht ist eine Sojabohne, die möglichst viel Stickstoff bindet. Die Manchmal leuchtet der Mond gelb. Im Herbst, wenn er tief über dem Horizont steht, und die Strahlen der Sonne viele Sphären durchdringen müssen. Früher wurde dieses Phänomen »Erntemond« genannt, weil er den Bauern genug Licht spendete, um auch nachts die Feldfrüchte einzuholen. Diese sehen aus wie Mini-Monde: Schneidet man eine kleine gelbe Sojabohne auf und betrachtet sie unter dem Mikroskop, so könnte man glauben, mit einem Teleskop in den Himmel zu schauen und den gelben Mond zu betrachten. Eine gelbe Scheibe, eingepackt in einen hauchdünnen Mantel, die Testa, die das Sameninnere vor den rauen Bedingungen der Umwelt schützt und Wasser speichert. Bis zu

---

[23] Dr. Jegor Miladinovic, Dr. Milic Hustic, Dr. Milos Vidic: *Soybean. Institute of Field and Vegetable Crops. »Sojaprotein«*, Becej. Novi Sad, 2011.

50 Prozent des Gewichts der ganzen Bohne kann die Samenhülle aufnehmen und dadurch die epigäische Keimung auslösen. Das bedeutet, der Samenspross bildet einen Haken, durchbricht die Erde und hebt mit sich die Keimblätter empor. Davor wächst er in die Länge und drückt, als würde aus dem Mond plötzlich eine Himmelsbohne sprießen, sich selbst und die ersten zwei Keimblätter des pflanzlichen Embryos durch die aufspringende Samenhaut nach oben, bis an die Oberfläche der Erde, ans Licht. Die junge Pflanze wird noch von der Plazenta ernährt, ihren Proteinen, Fetten und Kohlenhydraten, doch bald fällt der nährende Mondkörper zur Gänze von ihr ab und die Wurzeln nehmen ihre Arbeit auf.

Die Sojabohne ist eine grüne Pflanze mit winzigen weißen oder lila Blüten, die zwittrig sind. Sie sind nur wenige Millimeter groß und blühen in unseren Breitengraden nicht auf. Ihr Stängel und auch die Hülsen sind zart behaart oder unbehaart. Es gibt grauhaarige und braunhaarige Sorten. Die Haare verändern den Einfall und die Leitung des Sonnenlichtes in das Feld. Unbehaart reflektieren sie mehr Licht. Daher wird es nicht diffus in den Pflanzenbestand hineingeleitet. Ihr Wachstum ist entweder unbeschränkt oder auf eine bestimmte Größe begrenzt. Am mit Haaren bedeckten, vom Chlorophyll grün gefärbten Stängel befinden sich kleine Knoten, Nodien, sichtbare Verdickungen, welche die Blätter tragen. Der erste Knoten trägt den Pflanzenembryo, der zweite die beiden Vorblätter Prophyll, während die anderen Knoten dreiblättrige Blätter tragen. In den Blattachseln entstehen die Blüten und aus den Blüten entstehen die Hülsen. In den Hülsen wachsen die Sojabohnen.

Die Felder werden in weiten Reihen angebaut, damit man dazwischen Unkraut hacken kann. Wenn die Sojabohnen zur Ernte bereit sind, dann sind sie braun, sie verlieren Wasser und es finden am Ende noch viele Synthesevorgänge statt, Protein und Öl werden noch gebildet, ganz zum Schluss schrumpfen sie ein wenig.[24] Aus den Früchten der Sojabohne presste man schon im Alten China Öl, das nicht nur zum Kochen, sondern auch als Beleuchtung für Lampen diente. Da die Sojabohne so tief in die Erde wächst, aber auch sehr hoch werden kann und in den Himmel zeigt, galt sie in China als Pflanze des Übergangs. Mit ihrem Öl wurden auch Tür- und Fensterscharniere geschmiert, sie ist ein Symbol des Zwischens, der Verbindung zwischen innen und außen, oben und unten.

Von außen sähe sie wie eine kleine Perle aus, wären da nicht das Hilum, die elliptische Narbe, die Raphe, die Samennaht und das Microphyle, eine kleine Öffnung, durch die Wasser und Nährstoffe für den Embryo aufgenommen werden. Sie zeigen an, dass der Samen sich an dieser Stelle von etwas gelöst hat, mit dem er früher verbunden war, angedockt wie an eine Raumstation.

Die Sojapflanze gehört zur Ordnung der Leguminosae, der Hülsenfrüchtler. Unter diesen zur Familie der *Fabaceen* und zur Gattung *Glycine Willd*. Die kultivierte Art ist als *Glycine max (L.) MERR.* eingestuft. Die Pflanze ist einjährig, ihre Sprossen kriechen und ihre Samen sind klein und haben leicht aufspringende Hülsen.[25]

---

[24] Vgl. Weinberger, Lukas: *Diversität in Samenmerkmalen eines Sojabohnengenbanksortiments.* Diplomarbeit. Universität für Bodenkultur, Wien. April 2008. Eingereicht bei Prof. Johann Vollmann.
[25] Weinberger, Lukas: *Diversität in Samenmerkmalen eines Sojabohnengenbanksortiments.* Diplomarbeit. Universität für Bodenkultur, Wien. April, 2008. Eingereicht bei Prof. Johann Vollmann.

Die Sojabohne ist in der Lage, selbst Stickstoff zu produzieren, was bedeutet, dass sie im Anbau keine zusätzliche Stickstoffdüngung benötigt und dass die Erde, in der sie gewachsen ist, auch für das Folgejahr und somit auch für andere Pflanzen sehr viel Stickstoff anreichern wird. Dieser tolle Effekt macht sie zu einer nachhaltigen Pflanze. Die Stickstoffproduktion findet in einem beinah magischen Vorgang unter der Erde statt, es handelt sich um eine Symbiose zwischen einem Wurzelhärchen der Sojabohne und dem Bakterium *Bradyrhizobium japonicum*.

Der Samen wird in die Erde gesetzt, keimt, die Wurzel beginnt zu wachsen. Anfangs wächst sie schneller als die Pflanze an der Oberfläche, bildet Pfahlwurzeln, in späteren Entwicklungsphasen entstehen auch seitlich und zufällig wachsende, sich verzweigende Wurzelarme.[26] Die Formbildung der Wurzeln hängt mit der Aktivität der Stickstoff-Fixierung zusammen. Das Ziel der Zucht ist eine Sojabohne, die möglichst viel Stickstoff bindet. Die Wurzel verzweigt sich lateral. Dann beginnt sie plötzlich zu kommunizieren, indem sie Phytoöstrogene, sogenannte »Isoflavone« aussendet. Die Isoflavone, das Genistein und das Daidzein sind Phytoöstrogene, sie binden sich an menschliche Östrogenrezeptoren, wirken endokrin und ihnen wird eine Anti-Tumor-Wirkung attestiert.

Isoflavone sind Pflanzenhormone, die eine Art chemisches Signal aussenden, so als würde die Pflanze in die Erde hineinrufen und verkünden, dass sie auf der Suche nach einem Knöllchenbakterium ist. Wenn im Boden tatsächlich Rhizobien sitzen und warten, dann empfangen sie ihr Signal. Die Knöllchen-

---

[26] Dr. Jegor Miladinovic, Dr. Milic Hustic, Dr. Milos Vidic:
Soybean. Institute of Field and Vegetable Crops. »Sojaprotein«, Becej. Novi Sad, 2011.

bakterien antworten im Idealfall mit einer »Proteinnachricht«. Das ist der biologische Zweck des Isoflavons. Die Sojawurzel empfängt das Signal in ihren Rindenzellen und krümmt daraufhin ein Wurzelhaar, aus welchem ein Knöllchen entsteht, das von nun an der Lebensraum für dieses Bakterium ist. Das klingt einfach, ist jedoch ein komplizierter Prozess, denn bei der Kommunikation kann, wie auch wir Menschen wissen, immer etwas schiefgehen. Pflanze und Bakterium gehen eine Symbiose ein, das bedeutet, sie müssen von nun an zusammenarbeiten. Es gibt auch Bakterien, die zwar eine Symbiose bilden wollen, dann aber in den Knöllchen hocken und faul sind. Die Pflanze liefert ihnen Zucker aus der Photosynthese, die Bakterien nehmen den Zucker, machen sonst aber nichts, liefern nichts, fixieren keinen Stickstoff, sind nicht effizient. Umgekehrt gibt es auch sehr fleißige Bakterien. Daher entsteht eine Situation, in der unterschiedliche Sojabohnen unterschiedlich viel Stickstoff binden. Es liegt einerseits an den Bakterien, ob diese fleißig oder faul sind, aber es liegt auch an der Pflanze, ob sie gute oder schlechte Bakterien erkennen kann, denn nicht jede Sojapflanze kann das.

Wenn ständig mit Stickstoff gedüngt wird, dann haben manche Sorten der Leguminosen vielleicht über die Zeit hinweg verstanden: Okay, das ist keine so wichtige Eigenschaft mehr, ob ich erkennen kann, ob Knöllchen effizient arbeiten – der Mensch düngt mich ohnehin, warum soll ich dann noch Stickstoff binden? Jetzt aber sucht die Forschung wieder nach Genotypen, die Stickstoff besonders effizient fixieren, und zugleich nach Knöllchenbakterienrassen, die ebenfalls möglichst viel leisten. Mit diesen beiden Ansätzen will man dieser Entwicklung beikommen.

Die Knöllchenbakterien sind durch das Leghämoglobin, das dem menschlichen Myoglobin und Hämoglobin sehr ähnlich ist, innen rot. Wenn man sie aufschneidet, sehen sie roh und fleischig aus, fast wie ein Steak. Das Leghämoglobin hat die Fähigkeit, Sauerstoff reversibel zu binden und sorgt dafür, dass in den Wurzelknöllchen eine möglichst niedrige Konzentration freien Sauerstoffs herrscht. Unsere Atmosphäre besteht zu achtzig Prozent aus Stickstoff (N2), einem Gas, das unsichtbar zwischen uns schwebt. Es kann vom Menschen nicht aufgenommen, nur ein- und ausgeatmet werden. Stickstoff ist die Grundlage für alles Leben. Für Pflanzen ist er der wichtigste Wachstumsstoff und da die meisten Pflanzen den Stickstoff aus der Luft nicht direkt verwerten können, muss er in verwertbarem Zustand, zum Beispiel als Mineraldünger oder als Mist auf die Felder ausgebracht werden.

2. Proteinbildung

In den Wurzelknöllchen geht es darum, dass die Bakterien Stickstoff N2, also diese zwei Atome spalten. Die Atome sind so stark ineinander verschränkt, dass sie im Normalfall nicht zu spalten sind, auch weil in der Luft Sauerstoff enthalten ist. Wenn der Stickstoff N1 in N2 gespalten wird, wird er oxidiert. Das ist nicht gewollt. In den Knöllchenbakterien aber bewirkt das Leghämoglobin, dass der Sauerstoff aus den Knöllchen hinaustransportiert wird und der Stickstoff, wenn er gespalten ist, nicht oxidiert, sondern zu NH wird. Er wird mit Wasserstoff verbunden und entwickelt sich zu einer Aminosäure, die ein Eiweißbestandteil ist.

So funktioniert die Sojabohne. Sie schafft in ihren Wurzelknöllchen eine passende Atmosphäre, und unter dieser Atmosphäre können die Rhizobien, die Knöllchenbakterien, richtig arbeiten. Dass sie keinen Stickstoffdünger braucht, macht die

Sojabohne nicht nur großartig, sondern auch nachhaltig. Denn so bleiben nach der Ernte die Wurzelknöllchen samt Bakterien im Boden und verdauen sich selbst, wodurch der Boden für das Folgejahr mit Stickstoff angereichert wird.

Der Stickstoff entsteht in den Knöllchen und wandert später von der Wurzel über den Stängel hinauf und setzt sich zuerst in den Blättern ab. Die Pflanze bildet ganz am Ende ihrer Reifezeit die Hülsen, und erst dann wird der Stickstoff aus den Blättern geholt und über die Leitbündel in die Hülsen transportiert, um dort, in der Porenfüllungsphase, zu Protein umgebaut zu werden. Besieht man die Blätter der Sojapflanze genau, kann man von ihrem Erscheinungsbild vieles ableiten. Je mehr Stickstoff in den Blättern ist, desto mehr Chlorophyll und desto grüner. So lässt sich an den Farbtönen der Blätter erkennen, wie viel Stickstoff fixiert wurde.

Sowohl die Sojapflanze selbst als auch das Knöllchenbakterium sind genetisch unterschiedlich. Die Forschung zielt darauf ab, auf beiden Seiten Typen zu finden, die ideal zusammenpassen. Deshalb trägt man vor der Aussaat die richtigen Knöllchenbakterien auf das Saatgut auf. Dieser Vorgang wird »impfen« genannt.

Normale Rhizobien wie Klee, Bohnen, steirische Käferbohnen oder Erbsen »nodulieren«, sie keimen also ohne besonderes Zutun. Denn sie sind bei uns in Europa schon seit vielen Jahrtausenden zu Hause. Die Sojabohne wächst noch nicht so lange in unseren Breiten, deshalb benötigt sie für diesen Vorgang ein spezielles Bakterium, das bereits erwähnte *Bradyrhizobium japonicum*. Dieses lebt in unseren Böden nicht und muss deshalb vor dem ersten Anbau eingeimpft werden. Sobald man die so behandelten Bohnen ein paar Mal angebaut hat, sind die Bakterien im Boden angesiedelt. Allerdings können sie immer wieder verwildern.

Durch natürliche Selektion gehen Veränderungen oft rasch vor sich. Verschiedene Stämme vermehren sich unterschiedlich leicht, plötzlich aber taucht eine neue Variante auf, setzt sich durch, und schlagartig sind alle anderen Varianten verschwunden. Manche Bakterienarten vermehren sich schneller und stärker als andere, und es kann sein, dass sie, wenn man sie sich selbst überlässt, weniger Stickstoff binden als andere. Deshalb wird beim Sojabohnenanbau alle paar Jahre die Impfung aufgefrischt.

3. Photoperiodismus

In der Natur finden ständig natürliche Selektionsprozesse statt. Wir Menschen gehen mit unseren Kulturpflanzen, die ja eigentlich menschliche Erfindungen sind, gegen diese natürliche Selektion vor. Wir wollen große Körner, weil man aus ihnen viel Mehl mahlen kann. Aber die natürliche Selektion macht gerne kleine Körner, weil eine Pflanze mit kleinen Körnern mehr produzieren kann. Entweder habe ich 30 kleine Körner auf einer Pflanze oder zehn große. Die Natur will Anpassung und Fortpflanzung. Produziert man große Körner, gibt es im nächsten Jahr nur zehn Nachkommen, und im Jahr darauf auch wieder nur zehn mal zehn. Hat man hingegen 30 Körner, dann sind es im nächsten Jahr (dreißig mal dreißig) schon 900. Kleinere Körner zu produzieren, ist der Favorit der natürlichen Auslese. Die Landwirtschaft aber braucht große Körner zum erntetechnischen Erfassen und zur besseren Vermarktung. Deshalb investieren wir in Forschung und Zucht.

Bei der Sojapflanze gilt es darüber hinaus, jene Sorten zu finden, die auch bei niedrigen Temperaturen, wie sie in unseren Breitengraden im Mai und Juni manchmal vorkommen, gut gedeihen. Neben der Kapazität der Stickstoffbindung ist auch der Photoperiodismus, die Lichtsensibilität der Pflanze, ein wichtiger Faktor, da von ihm Wuchs und Eiweißgehalt abhängen. Ihre jeweiligen Blühperioden werden beobachtet und verzeichnet. Die Sojapflanze ist eine Kurztagespflanze und kann unter Langtagbedingungen, wie bei uns im Juni mit seinen langen Tagen und kurzen Nächten, nicht blühen. In Hamburg ist es um eine Stunde länger hell als in Wien, das macht den Sojabohnen noch weniger Freude. Unter solchen Bedingungen entwickeln sie eine Blühhemmung, die durch acht Gene gesteuert wird. Sojabohnen, die wir in Europa anbauen, sollten diese Hemmung möglichst abgelegt haben. Deshalb sucht man nach Typen, die in unseren nördlichen Breitengraden gedeihen. Wenn die Pflanze erst Ende August, wenn die Tage bereits merklich kürzer sind, aufblüht, dann reift sie nicht mehr, sondern wird vom ersten Frost überrascht und erfriert.

Der Vorteil der Sojabohnen gegenüber anderen Agrarkulturen wie Weizen ist ihr unfassbar hoher Proteinanteil. Sie enthalten im Korn rund 40 Prozent Protein, bei idealen Bedingungen treibt die Beziehung mit den Knöllchenbakterien den Proteingehalt sogar auf 48 Prozent. Ohne Rhizobien im Boden sinkt der Proteinwert auf 25 bis 28 Prozent. Weizen kann das nicht. Er kann keine Symbiose bilden, hat keine Knöllchenbakterien und deshalb auch nur 12 bis 14 Prozent Protein, je nachdem wie viel gedüngt wurde.

Die Sojabohne ist aufgrund dieser Fähigkeit eine sehr umweltfreundliche und nachhaltige Pflanze, sie kostet wenig und bietet viel. Dazu enthält sie noch sehr viel Fett. Normalerweise würde das Fett aus der Bohne tropfen. Doch verfügt sie zusätzlich über Lecithin als Emulgator. Sojalecithin (E322) ist in Schokolade,

Backwaren, Speiseeis, Instant-Lebensmitteln, Babynahrung, Industrieprodukten und Textilwaren versteckt. Es enthält aber auch den für den menschlichen Körper notwendigen Stoff Cholin, das für den Fettstoffwechsel wichtig ist und blutdrucksenkend wirkt. Der Nachteil ist, dass die für das Sojalecithin verwendeten Bohnen meistens aus Südamerika kommen, doch dazu später.

4. Spermidin

Eines der neuesten und vielversprechendsten Produkte ist das Spermidin. Es regt die Autophagie in der menschlichen Zelle an, das bedeutet, dass Abfälle in den Zellen gut selbst verdaut werden. Dadurch sollen bestimmte Arten von Demenz oder andere Abbaustörungen bis hin zu Krebserkrankungen verhindert oder sogar geheilt werden. Wenn man höhere Mengen an Spermidin zu sich nimmt, wird man um durchschnittlich fünf Jahre älter. Es gibt Inseln in Japan, auf welchen die ältesten Menschen der Welt leben. Das ist nicht genetisch bedingt, sondern es liegt an der Lebensweise der Bewohnerinnen, an ihrer Ernährung. Die Menschen auf diesen Inseln leben eine Diät, die sehr stark pflanzlich geprägt ist und sie haben wesentlich mehr Spermidin im Körper als wir in der westlichen Welt. Damit beschäftigt sich nun auch die Altersmedizin. Die Berliner Charité forscht derzeit an der Wirkung des Spermidins gegen Corona. Da Corona die Autophagie in den Zellen hemmt, vermutet man eine positive Wirkung des Spermidins. Natürlich gibt es noch tausende andere Produkte aus der Sojabohne. Edamame, Snacks, oder auch Sojaöl. Statt Kerzenwachs gibt es Sojawachskerzen und in Japan gibt es sogar einen Kitkat-Schokoriegel auf Sojabasis.

Forschungseinrichtungen versuchen, in die Zukunft zu sehen, zu erkennen, welche speziellen Eigenschaften der Bohne in zehn, 20 oder 30 Jahren in der Wirtschaft benötigt werden. Aufgrund dessen arbeitet man an Kreuzungen, an neuen Genotypen. Bis ein solcher entsteht, dauert es zwischen zehn und 15 Jahren. Dabei geht es einerseits um Inhaltsstoffe und andererseits darum, darüber nachzudenken, welche Produkte in der Zukunft nötig sein und nachgefragt werden könnten.

5. Design neuer Sorten

Auf der Suche nach der Superbohne

Ein Blick auf die Forschungsfelder der Universität für Bodenkultur in Tulln: Eine Drohne gleitet fast lautlos über 2.000 Sojasorten, deren grüne Blätter im Wind schaukeln. Die Drohne sammelt Daten, misst Reflexionen von Licht, liefert wichtige Informationen, anhand welcher die verschiedenen Varianten analysiert und weiterentwickelt werden. Manchmal fahren die Forscherinnen auch mit Handheldspektrometern über die Reihen. Die Sonne scheint auf die Blätter, die Blätter reflektieren die Strahlen und das Gerät misst ihre Reflexion. Reihe für Reihe werden dort Sojabohnen zu Forschungszwecken angebaut. Geerntet werden sie mit einem Minimähdrescher, mit japanischen Sicheln werden die Pflanzen händisch in das Gerät geworfen.

Ein zusätzliches Experiment: 150 Sorten aus Europa und China werden in Österreich, Serbien, der Schweiz, in Frankreich, Deutschland, Polen und Ungarn über zwei Jahre angebaut und verglichen.

Da finden sich rundere Sojabohnen mit dunklerem Nabel, mit dem die Sojabohne an der Mutterpflanze in der Hülse anhaftet, oder auch etwas größere mit hellem Nabel. Auch Edamame und – Gregor Mendel lässt grüßen – eine Kreuzung zwischen braunen und weißen Bohnen, die den Zuckergehalt der Bohne erhöht. Je mehr Zucker, desto besser schmeckt sie. In den Bowls, die man jetzt überall bekommt, finden sich immer auch dicke, grüne Sojabohnen. Wenn man diese besonders großen Sojabohnen als Edamame verwendet, dann werden sie in noch grünem Zustand gepflückt. Es gibt aber auch sehr kleine, elfenbeinfarbene Bohnen, und auch Nattobohnen finden sich im Experiment. Die ganz, ganz kleinen Sorten werden ebenfalls in der Wirtschaft verwendet. Ein neues Unternehmen aus Wien, das aus einem China-Restaurant entstanden ist, verwendet diese kleinen Bohnen für Sojasprossen, weil sie rasch keimen.

An der Universität werden die Sojabohnen analysiert. Es wird geprüft, wie viel Protein in den Bohnen steckt, wie viel Öl, wie viel Zucker – die Ergebnisse werden an Labore oder an Forscherinnen gesendet, die weitere Analysen durchführen, oder an Personen, die experimentieren und kochen, die unterschiedliche Dinge mit unterschiedlichen Sorten ausprobieren.

Sojabohnen schmecken oft scharf, bohnig oder bitter. Der Grund dafür sind die sehr wichtigen Isoflavone. Je höher die Konzentration der Isoflavone, desto unangenehmer der Geschmack. Ist aber der Zuckergehalt höher, überdeckt er das Bittere. Zucker als kulinarisches Kosmetikum lässt so manch Unangenehmes unbemerkt.

In Europa kennt man hauptsächlich Sojasauce, -milch und Tofu. Tofu kommt gerade so richtig in unseren Küchen an. Der Verbrauch steigt. Das war vor zehn Jahren noch ganz anders. Zum Vergleich die Entwicklung von Reis: Dieser ist hierzulande voll etabliert, aber auch das hat sehr lange gedauert. Jede Küche eines

Landes muss ihren eigenen Umgang mit neuen Lebensmitteln erst finden, zum Beispiel wie sie zuzubereiten und zu würzen sind, damit sie nicht fremd für die Geschmacksgewohnheiten sind. Hierzulande bereitet man Reis ganz anders zu als in Asien, aber auch anders als in Italien oder Spanien. Kulinarische Traditionen verändern sich sehr langsam. Mit Sushi hingegen ging es schnell. Neue Gerichte, Rezepte und Produkte zu erfinden, die vielleicht eine schnellere Akzeptanz in der mitteleuropäischen Küche erfahren, ist ein Forschungsziel für Unternehmen und Universitäten. Derzeit steht Tofu als Zukunftshoffnung an erster Stelle.

Nach der Ernte auf den Forschungsfeldern werden die Bohnen getrocknet. Die jeweiligen Ernten einzelner Pflanzen lagern sorgfältig beschriftet in weißen Papiersäckchen in speziellen Trockenräumen. Sie sind das Material für den Anbau des folgenden Jahrs.

Um die Bohnen zu analysieren, müssen sie zunächst gemahlen werden. Eine kleine Menge des Mehls wird von unten beleuchtet. Diese Technologie heißt Nahinfrarotreflexionsspektroskopie. Die entstehenden Reflexionen werden gemessen, und so kann man den Gehalt von Protein, Öl, Zucker und bestimmten Aminosäuren messen. Mit diesem schnellen Verfahren können 100 Proben pro Tag analysiert werden. Dabei erzielt man Wissen über quantitative Merkmale, die man messen und mathematisch darstellen kann.

6. Wie funktioniert das Kreuzen von Pflanzen?

Die Sojabohne hat winzige zwittrige Blüten. Sie blühen gar nicht richtig auf, der Blühvorgang geschieht in der Knospe. Darum wird in der Züchtung mit einem Pinokolarmikroskop gearbeitet. Aus der Mutterpflanze werden die Männchen entfernt. Danach werden die Pollen einer anderen Pflanze, die der Vater werden soll, geholt. Nachdem der Pollen vom Vater geholt und die Narbe unter dem Mikroskop bestäubt wurde, also auf die weibliche Narbe der männliche Pollen gelegt wurde, wird nach einigen Tagen die Blüte größer, sie schwillt an und es entsteht eine Hülse. Die Befruchtung ist gelungen.

Normalerweise dauert es zehn oder mehr Jahre, um eine neue Sorte Sojabohnen zu züchten. Inzwischen gibt es internationale Servicefirmen, die sich darauf spezialisiert haben. Einfach ein paar Körner in ein Briefkuvert, und ab mit ihnen via Post nach Costa Rica. Das dort ansässige Unternehmen baut sie über den Winter an, macht die Kreuzung, erntet die sogenannten »F1-Körner« und schickt sie wieder zurück.

Kommerzielle Züchter, die mit den Sorten Geld verdienen müssen, machen das so. Nachdem man in jedem Jahr nur eine Generation anpflanzen kann, funktioniert es wie folgt: Über den Winter wird die F1-Generation in Costa Rica angebaut. Im nächsten Jahr wird die Kreuzung angebaut und im September geerntet. Das Erntegut schickt man dann wieder nach Chile oder an einen anderen Ort der südlichen Hemisphäre. Dort baut man eine Wintergeneration, die im März geerntet wird und im Frühjahr zurückkommt, um im Mai wiederum bei uns angebaut zu werden. So wechseln die Bohnen ein paar Mal das Klima oder den Kontinent. Mit dieser Vorgangsweise können die zehn Jahre Züchtungszeit auf fünf bis sechs Jahre verkürzt werden.

KAPITEL 7

DIE SOJAPFLANZE IN DER WELT[27]

1. In China regnet es Sojabohnen

Die Sojabohne kommt aus Liaoning. Liaoning ist eine Provinz im Nordosten Chinas, die im Süden vom Gelben Meer, im Südosten von Nordkorea, im Nordwesten durch die innere Mongolei und im Westen von Hebei eingegrenzt wird. Der Grenzfluss zwischen Nordkorea und China ist der Yalu, der in die Koreabucht zwischen Liaoning und Sinyuiju (Nordkorea) mündet.

In Liaoning wächst die Bohne in ihrer Wildform in so vielen Variationen, dass man dort ihre Evolutionssprünge nachzeichnen kann und deshalb ihren exakten Ursprung annimmt. Im 11. Jahrhundert vor Christus begann man, sie zu domestizieren. Aus ihren Blättern wurden dicke Suppen gekocht, ihre Hülsen an Pferde und Schweine verfüttert, im Winter wurden sie auch als Mantel, wie ein Fuchspelz getragen, während die Stängel den Feuerstellen als Brennstoff dienten.

Auf antiken Bronzevasen der frühen Zhou-Dynastie, 1024 vor Christus, sind erste Abbildungen der Sojapflanze zu finden (Hu

---

[27] Vgl. SOYINFO CENTER: *Soy from a Historical Perspective. World's Most Complete Collection of Soy Information.* www.soyinfocenter.com (Zugriff: Januar 2022).

Daojing 1963). Im Jahr 1000 vor Christus wird sie in vier verschiedenen Oden im *Buch der Lieder* erwähnt. Die älteste Ode stammt von Mi Heng, sie spricht von den Segnungen eines Prinzen an sein Volk. Er segnet Klebehirse und Rispenhirse, das Korn, das schnell, und jenes das langsam reift, das Korn, das früh, und jenes das spät ausgesät wird, er segnet die Sojabohne und den Weizen. In den *Analekten des Konfuzius* findet man im Jahr 475 vor Christus das erste Dokument, das die Sojabohne als eines der fünf Hauptkörner bezeichnet. Dazu gehören noch die Fuchsschwanzhirse, die Besenhirse, der Reis und die Gerste.

Der Legende nach erfand Liú An, ein chinesischer Prinz aus der Han-Dynastie, die Sojamilch für seine alte, kranke Mutter. Sie wollte Sojabohnen essen, weil sie diese sehr liebte, konnte aber nicht mehr kauen, deshalb mahlte Liú An auf ihren Vorschlag hin die Bohnen und verdünnte das so gewonnene Mehl mit Wasser, wodurch die Milch entstand. Die Legende sagt aber auch, Liú habe es sich auf Grund seiner Macht und Stellung leisten können, chinesische Daoisten anzustellen, die alchemistische Methoden anwendeten, um zwei Dinge herzustellen: Sojamilch und Sojabohnenpaste. Beides wurde als Medizin für ewiges Leben angesehen, nach der in China alle Alchemisten forschten. Liú konnte diese Produkte in großen Massen produzieren lassen und sie im Land verbreiten. Es gibt aber auch Schriften, die behaupten, Sojamilch und Bohnenpaste seien schon lange vor der Han-Dynastie erzeugt worden, nur gibt es hierfür keine Belege.

»Es regnet Sojabohnen« heißt es, wenn es in China sojabohnengroße Körner hagelte.

2. Die Sojabohne in Mexiko und Zentralamerika

Im Jahr 1585 brachten drei chinesische Handelsmänner kuriose Dinge nach Mexiko. Man weiß heute nicht mehr, was sie genau mitbrachten, aber man vermutet neben hübschen Kleidern und goldenen Fächern auch die ersten Sojabohnen. Wahrscheinlich kamen die Männer in einer spanischen Galeone von den Philippinen und konnten ihre wertvollen Bohnen dem botanischen Garten von Acapulco vorstellen.

Die erste spanische Galeone meisterte 1565 den Seeweg zwischen den Philippinen und Mexiko. Wissenschaftler behaupten, Mexiko habe bei der Weltausstellung in Wien zwei lebende Pflanzen der Sojabohne ausgestellt. Die Besucherinnen der Ausstellung schenkten den beiden Pflanzen so viel Aufmerksamkeit, dass alles, was von ihnen übrigblieb, zwei Stängel waren. Hülsen, Blätter und Samen wurden von den Menschen einfach abgezupft. Zurück blieben nackte Stängel!

Im Jahr 1904 kultivierte Costa Rica die ersten Sojabohnen und im Jahr 1905 sandte George T. Moore zwei Pakete mit der Leguminose nach Cuba. 1926 erreichten die ersten Sojabohnen Guatemala, 1932 El Salvador und 1944 Honduras. 1958 baute man die Sojabohne zum ersten Mal in Panama an.

KAPITEL 8

OBERWART – WIE ICH MOLKEREIDIREKTOR WURDE UND HERAUSFAND, DASS DIE KÜHE IM STALL STANDEN UND SOJA FRASSEN

1. Wie wurde ich Molkereidirektor?

Als ich zum Studium nach Taiwan ging, war es mein Ziel, Chinese zu werden. Ein chinesischer Wissenschaftler, Übersetzer oder Schriftsteller. Ich sah mich als Geisteswissenschaftler, war belesen, interessierte mich für Außenpolitik und internationale Beziehungen. Schon früh wollte ich über politische Ereignisse anderer Staaten Bescheid wissen. Der Sturz des Schahs Mohammad Reza Pahlavi im Iran im Jahr 1979, der zur Abschaffung der dortigen Monarchie und zur Etablierung der Islamischen Republik führte, zählt zu meinen ersten Erinnerungen. Für Wirtschaft habe ich mich kaum interessiert, auch nicht für Landwirtschaft. Ich war geradezu stolz, nichts über »die Wirtschaft« zu wissen. Weder war mir die Bedeutung von Nahrungsmitteln und Ernährung bewusst noch jene von wirtschaftlichen Prozessen. Aber dann kam alles anders.

1994/1995 absolvierte ich ein Jahr beim österreichischen Gedenkdienst. Das ist eine Organisation, in der man anstelle von Militärdienst ein Jahr in einer Institution im Ausland verbringt, um Sühne für die Verbrechen der Österreicher im Zweiten Weltkrieg zu leisten. Man muss sich selbst ein Thema suchen, an dem man arbeiten möchte, und sich auch eine finanzielle Teilunterstützung für den Auslandsaufenthalt organisieren.

Im Zweiten Weltkrieg flohen rund 15 000 Juden nach Shanghai. Ihr Schicksal interessierte mich. Daher schlug ich den Organisatoren des Gedenkdienstes vor, in jene Länder zu gehen, in welchen zu dieser Zeit noch viele emigrierte österreichische Juden lebten. Das war vor allem Amerika. Mein Vorschlag, eine neue Stelle des österreichischen Gedenkdienstes in den USA zu eröffnen, war daher sinnvoll. Im Zuge meiner Recherche stieß ich auf das Leo-Beck-Institut, ein Institut deutscher Juden in New York, das im Zweiten Weltkrieg gegründet worden ist, um Primärquellen und Forschungsmaterialien zu sammeln. Es handelt sich um eine Forschungsbibliothek und ein Archiv, das sich der Geschichte des deutschsprachigen Judentums in den Jahrhunderten vor dem Holocaust widmet und ist nach seinem Gründer Leo Beck benannt.

Ich ging nun also für ein Jahr nach New York, wo ich möglichst viele österreichische Jüdinnen und Juden interviewen sollte, die während des Zweiten Weltkriegs in Shanghai waren. Ich hatte davor noch nie bewusst einen Menschen jüdischen Glaubens kennengelernt. Dazu kamen viele Zusammentreffen mit Menschen anderer Nationalitäten und anderer Hautfarbe. Für mich war das prägend, weil ich gesehen und gelernt habe, wie man sich über all diese vermeintlichen Barrieren hinweg anfreunden und zusammenarbeiten kann.

Die Menschen in New York sprachen einen auf Augenhöhe an, fanden interessant, was man machte, wollten wissen, wie es dazu gekommen war. Was für ein Gegensatz zu Wien, wo man schnell das Gefühl bekam, sich ducken zu müssen und ein Niemand zu sein. In New York war es möglich, Projekte eigenständig durch-

und umzusetzen. So wurde während meiner Zeit sehr viel Archivmaterial von exilierten österreichischen Juden gesammelt. Ich hielt Vorträge, schrieb an einer Holocaust-Enzyklopädie mit, unternahm Forschungsreisen nach Taipei und Shanghai und auch nach Jerusalem. Das schürte einerseits meinen Unternehmergeist und begründete andererseits die Zusammenarbeit und Freundschaft mit meinem Studienkollegen Fred. Für eine Projektbesprechung und zu Forschungszwecken trafen wir einander auch einmal in Jerusalem. Von dort ging es weiter nach Kairo. Schon saßen wir im Bus und fuhren über den Suez.

Die Fahrt über den Suez-Kanal war abenteuerlich, an der Grenze stand das Militär im Spalier. Wie wir später erfuhren, fand während unserer Anwesenheit eine Weltbevölkerungskonferenz in Kairo statt, weshalb die Militärpräsenz so groß war. In diese Konferenz rutschten wir gleichsam hinein. Wir quartierten uns in Zamalek, einer Insel am Nil, in einem alten englischen Kolonialhotel ein. An einem dieser Abende sprachen wir über unsere Zukunft. »Eigentlich müssen wir in die Wirtschaft gehen«, meinten wir plötzlich, denn wir brauchten doch eigenes Geld, um all unsere Vorhaben umsetzen zu können. »Es ist kein Zustand mehr«, sagten wir, ständig abhängig von Förderungen uns Sponsoren zu sein. Zu diesem Zeitpunkt waren das nur Träume, Hirngespinste, losgelöst von jeder Realität, aber als wir dann von unseren jeweiligen Auslandsaufenthalten für den Gedenkdienst zurückkamen, da passierte etwas Interessantes.

Freds Vater, der damals der Bezirkshauptmann von Oberwart war, bekam einen Anruf von seinem Freund, dem Direktor der Molkerei Oberwart. Der sagte »Du, dein Sohn, der spricht doch Chinesisch, wir haben da ein Telex bekommen. Ein Telex aus Taiwan, da will eine Molkerei uns Haltbar-Joghurt in Tetra-Paks abkaufen.« Man müsse da einmal »hinüberfahren«, um das mit denen zu besprechen, und er fragte, ob Fred das nicht machen könne.

Der nahm das Angebot an und flog mit seinem ersten Anzug im Gepäck und damals noch langen Haaren nach Taiwan, um tatsächlich mit einem Auftrag zurückzukehren. Es war mehr oder weniger reiner Zufall, dass das gerade so gepasst hat. Fred schloss das Geschäft mit Taiwan ab, wie man daraufhin in allen Zeitungen lesen konnte: »Molkerei im Burgenland exportiert nach Taiwan! Unser Joghurt fließt in die große weite Welt«. Der Molkereidirektor war glücklich und stellte fest: Dieser junge Mann ist offensichtlich tüchtig, den könne er brauchen. Damals war Österreich gerade der EU beigetreten, was zur Folge hatte, dass sich die österreichische Ernährungswirtschaft in einer Umwälzung befand. Die Molkerei brauchte jemanden für den Vertrieb. Fred sagte, dass er das machen würde, aber nur, wenn sein Freund Matthias, also ich, auch mitkommen könne. So kam es, dass auch ich den Molkereidirektor, den Prokuristen und den Finanzchef traf. Man machte uns ein Angebot. Wir verhandelten ein wenig nach. Ein niedriges Gehalt akzeptierten wir, verlangten aber eine Umsatzbeteiligung und ein Büro in Wien.

Ab diesem Zeitpunkt verkauften Fred und ich Milch. Dazu muss man wissen, dass Österreich vor dem EU-Beitritt in den Bereichen Milch, Mehl und auch Fleisch nicht wie ein kapitalistisches Land organisiert war, sondern es hatte, noch aus dem Nationalsozialismus übernommen, einen staatlich-korporatistisch organisierten Markt, ähnlich wie in einem osteuropäischen Land. Zum Beispiel hatte jede Molkerei ein Versorgungsgebiet, was bedeutete, dass sie die Milch in einem Gebiet an alle zum gleichen Preis liefern musste und dass auch kein anderer in diesen Bereich hineinliefern durfte. Die Produkte waren preisgeregelt, österreichweit war festgelegt, was ein Kilogramm Butter und was ein Liter Milch kosten durfte. Das Angebot war eingeschränkt, man hatte zwar Sortimente, es gab auch einzelne Produkte aus anderen Molkereien, aber der Markt war klar reglementiert.

Nach dem EU-Beitritt jedoch wurde dieses System durch eine Art Schocktherapie in die Moderne geführt. Der freie Markt entstand auch bei uns und viele befürchteten, Österreich würde von deutschen Molkereien überrollt werden. Die einzige Lösung, um dies zu verhindern, so meinte man, bestünde darin, eine österreichische Großmolkerei zu gründen.

Unser Molkereidirektor lehnte das ab. Er wusste, dass er zu klein war, um in eine so große Molkerei hineinfusioniert zu werden. Sein Betrieb in Oberwart wäre zuallererst zugesperrt worden, er wäre der Region verloren gegangen und mit ihm auch die Arbeitsplätze.

Oberwart ist die Bezirkshauptstadt eines der strukturschwächsten und ärmsten Gebiete Österreichs. Als ich dort ankam, war das Burgenland nicht das, was es heute ist. Die Straßen waren teilweise noch nicht asphaltiert, Gänse liefen einem schnatternd vor die Füße, die Alten saßen vor ihren Häusern auf Bänken und blickten in die Weite, dazwischen pickten Hühner. Das war aber keine Idylle. Die Menschen lebten sehr einfach und waren arm. Das Burgenland gehörte früher zu Ungarn und damals konnte man das noch spüren. Heute lebt hier eine gemischte, viersprachige Gesellschaft. Gesprochen wird Deutsch, Ungarisch, Kroatisch und Romani. Die Vielfalt an Sprachen und Religionen ist groß. Im Gegensatz zum Rest von Österreich, wo fast alle katholisch sind, findet man hier noch in jedem größeren Dorf drei Kirchen, weil es das katholische und zwei evangelische Bekenntnisse gibt. Für mich war es eine fremde Gegend, es fühlte sich wie ein altes, längst vergangenes Ungarn an.

Die Molkerei war der zweitgrößte Arbeitgeber dieser kleinen Bezirkshauptstadt mit 10 000 Einwohnern, einer Stadt mit wenig Industrie. Sie war ein wichtiger Betrieb für die Region, der nun vor der Frage stand: »Was tun wir jetzt, wenn sich die Welt verändert, wie machen wir weiter?« Der Molkereidirektor wollte versuchen, selbstständig zu bleiben. Er gab uns den Auftrag: »Macht's irgendwas, damit wir das schaffen.«

Fred und ich hatten keine besondere Strategie, wir versuchten dies und das. Zuerst gründeten wir eine Firma für »Private Label Milchprodukte«. Das war damals etwas Neues, weil der Handel davor keine Wahl hatte und kaufen musste, was die Molkerei angeboten hatte. Wir aber kamen so jung in diese Position und wollten neue Dinge ausprobieren. Wir verkauften Milch, aber auch alles Mögliche andere. Das lief ganz gut. Wir führten eine neue regionale Milchmarke ein, und ich fuhr selbst in sämtliche Geschäfte des Burgenlands, oder besser, ich wurde gefahren, weil ich noch keinen Führerschein hatte. Ein Fahrer aus der Molkerei brachte mich in die Geschäfte, wo ich alle zu überzeugen versuchte, unsere Milch und unsere Produkte zu kaufen. Meine Arbeit war anfangs also an der Basis.

Zum ersten Mal gab es im Burgenland eine eigene Burgenland-Milch, denn davor war die Molkerei an Wien und an Niederösterreich angeschlossen. Die Wiener und die Grazer Molkereien waren über den Aufbau dieser eigenen Molkerei, eines Konkurrenzbetriebs, nicht glücklich, und sofort brodelte die Gerüchteküche. Wenn man über uns sprach, dann hieß es, »der Molkereidirektor mit seinen zwei schwulen Burschen«. Das war unser Image, weil wir auch öfter einmal im gleichen Hotelzimmer übernachteten. Wir waren Exoten im Burgenland, in dem die Milchwirtschaft eine erdige Angelegenheit war, und plötzlich kamen da zwei so komische Typen, die auch noch Chinesisch sprachen und studiert hatten. Es war schwer. Die Molkerei war klein und strukturell schlecht gelegen, das Gebiet nicht gut geeignet, wir hatten nur 20 Millionen Liter Milch pro Jahr. In dieser Gegend gab es wenige Kühe, sie war eigentlich ein Ackerbaugebiet. Auch gab es wenig Gras und kaum Berge – kein ideales, traditionelles Milchgebiet wie im restlichen Österreich. Wir konnten schon bald sehen, dass die Molkerei das nicht schaffen würde.

Die von uns gegründete Tochterfirma, die Firma »Mona«, war jedoch erfolgreich. Sie machte große Umsätze, aber mit vielen Produkten, die nicht in Oberwart erzeugt wurden. Fred und ich hatten eine Art virtuelle Molkerei gegründet. Wir kauften in ganz Österreich bei allen Konkurrenten Produkte ein, weil wir wussten, dass es dort eine Anlage gab, die gerade nicht ausgelastet war. Wir mixten die Produkte selbst im Labor zusammen, dachten uns die Rezepturen aus, ließen sie irgendwo produzieren, wo gerade Kapazitäten frei waren, und verkauften sie dann dem Handel. Es war höchst abenteuerlich, eigentlich verrückt. Wir hatten selbst nichts in der Hand, fuhren einfach zu den Molkereien und fragten: Wollt ihr nicht mehr verkaufen? Sie sagten meist: Ja, eigentlich schon, auf dieser oder jener Maschine sei noch Platz, da sei weniger Auslastung. Wir kauften bei fast allen Molkereien Österreichs zu, obwohl das unsere Konkurrenten waren.

Die Mona führte Produkte ein, die es in Österreich noch nicht gab. Eiskaffee oder neue Molke-Getränke. Damals gab es nur die Molke der Marke Latella, von uns stammten sämtliche Kopien. Sie waren ein gutes Geschäft, weil Molke selbst sehr wenig kostet und man sie nur mit Mango- oder Ananassaft zusammenmischen muss, schon schmeckt sie wunderbar. Alle kauften unsere Molke. Was auch von uns stammt, ist die sogenannte »Länger-frisch-Milch«. Ein Begriff, den es vorher nicht gab, man kannte nur Haltbar- und Frischmilch. Uns waren diese Produkte in Holland aufgefallen, wir führten sie in der Folge bei uns ein, was ebenfalls erfolgreich war. Allerdings passierte auch das über eine andere Molkerei, die eine eigene Anlage für uns aufstellte, für die wir ihr eine exklusive Auslastungsgarantie abgaben.

Für diesen »Länger-frisch«-Aufdruck wurden wir in der Folge geklagt. Man hielt uns vor, der Konsument würde getäuscht, er könne glauben, die Milch sei frisch, weil sie »Länger-frisch« hieße, obwohl sie keine Frischmilch mehr war. Um die Milch länger haltbar zu machen, erhitzt man sie in einer Dampfdusche. Sie fällt durch heiße Luft und wird, unten angekommen, sofort wieder gekühlt. Das dauert weniger als eine Sekunde. Der Vorteil ist, dass sie dadurch nicht schlechter schmeckt und trotzdem länger haltbar ist. Die anderen Molkereidirektoren waren kritisch und sagten, der Krön, also ich, sei der Totengräber der österreichischen Milchwirtschaft und dass die »Länger-frisch-Milch« eine schreckliche Gefahr sei. Heute verwenden alle das Verfahren.

Die NÖM klagte mich also wegen »irreführender Aufschrift«, und ich musste darüber nachdenken, was man stattdessen sagen könnte. Da fiel mir der Spruch ein: »Länger frisch genießen«. Dieser absurde und eigentlich grausige Satz steht inzwischen auf jeder Milchpackung in Österreich, weil ich ihn nicht schützen ließ. Ich argumentierte, dass das Wort »frisch« sich auf das Genießen bezöge.

Trotz aller Erfolge war dennoch absehbar, dass die Molkerei es nicht schaffen würde. Sie schrieb hohe Verluste. Im Jahr 1999 hielten wir die Zeit für gekommen, etwas Neues zu probieren. Etwas, das in Oberwart produziert werden sollte und sich erfolgreich vermarkten ließe.

Durch meine Arbeit in Oberwart hatte ich viele Kontakte zu burgenländischen Bauern. Die Bauern waren ursprünglich Eigentümer ihrer regionalen Raiffeisen-Genossenschaft, sie waren Funktionäre und Eigentümer des Betriebs. Wir führten viele Gespräche und hatten eine gute, vertrauensvolle Basis. Ich war oft auf den Höfen zu Besuch, bei vielen zu Gast. Es gab Ehrungen für den besten oder den ältesten Bauern. Wir ließen uns immer wieder etwas einfallen. Beim Besuchen und Besichtigen der Höfe sah ich auch die Ställe, die Kühe, die Misthaufen, ich sah, wie der Alltag funktionierte. Ich sah auch, was die Kühe fraßen und dass sie im Burgenland zu großen Teilen im Stall und nicht auf Weiden standen. Getreide und Mais waren ihr Futter, natürlich auch ein bisschen Gras, aber eher wenig. Das Hauptfutter bestand aus Sojaschrot. Haufenweise Sojaschrot aus Brasilien lag in großen Säcken in den burgenländischen Ställen, um an die Kühe verfüttert zu werden. Mir drängte sich die Frage auf: Wie passt das alles zusammen?

Eines Tages traf ich zufällig einen Tofu-Hersteller. Er hatte die Idee, Sojajoghurt abzufüllen und fragte, ob wir das nicht in Oberwart machen könnten. Wir hatten ja eine kleine Abfüllanlage für Joghurt. Die Idee gefiel uns. Leider mussten wir bald feststellen, dass es nicht so gut klappte, weil die Lieferung der Sojamilch in Tankwägen nach Oberwart nicht gut funktionierte. Gleichzeitig sah ich, da ich durch meine Tätigkeit im Vertrieb fast überall hinkam, dass immer mehr pflanzliche Milchprodukte auf den Markt strömten. In Drogeriemärkten, in Bio-Läden, überall gab es plötzlich Sojamilch, aber auch Produkte auf Reis-Basis. Das schien für unseren Betrieb interessant, zumal wir auch die Möglichkeit hatten, Haltbarmilch zu produzieren. Im Prinzip würde der Produktionsprozess bei Sojamilch nicht anders funktionieren, dachte ich, nur müsse man davor auch die Milch selbst erzeugen. Zu 90 Prozent wäre die Molkerei dafür ausgerüstet, dachte ich weiter, zu 90 Prozent wäre alles schon da, was wir für die Sojamilchproduktion benötigen würden. Nur die Milch fehlte. Wir entschieden also rasch, sie selbst zu produzieren.

Bei der Universität für Bodenkultur in Wien reichten wir ein entsprechendes lebensmitteltechnologisches Forschungsprojekt ein. Man entwickelte einen für uns maßgeschneiderten Prozess, leitete danach auch die Umsetzung, sodass wir rasch eine Sojamilchanlage konstruieren konnten. Leider fehlte der Molkerei das Geld, um diese Anlage zu kaufen, wir bekamen dafür auch keinen Kredit. So kam es, dass wir als Tochterfirma einen Raum der Molkerei mieteten und die Sojamilch dort selbst zu erzeugen begannen. Wir, Fred und ich, wurden in dieser Phase zu Produzenten.

Das war also der Verlauf unseres Weges, Schritt für Schritt nachgezeichnet. Von China über den Händler und die Handelsfirma wurden wir schließlich selbst Sojamilchproduzenten. Lustig war, dass wir die Sojamilch dann durch ein Rohr von einem Raum in den nächsten der Molkerei verkauften. Uns, der Tochterfirma, gab man den Kredit für die Sojamilchanlage, so konnten wir unsere Pläne in die Tat umsetzen. Relativ rasch lief das Geschäft gut. Wir hatten Erfolg und gewannen neue Kunden. Nur die Molkerei schlitterte mehr und mehr in eine wirtschaftliche Krise, sie kam selbstständig nicht mehr weiter.

Die anderen Molkereien warteten schon darauf, und wenn wir nichts unternommen hätten, dann wären wir mit den zwei größten österreichischen Molkereien, der NÖM und der Bergland Milch fusioniert worden. Es wäre ein schmachvoller Prozess für uns gewesen. Der Betrieb hätte schließen und die burgenländischen Bauern von da an ihre Milch nach Graz oder nach Baden liefern müssen.

Fred und ich hatten jedoch mit dieser verschuldeten Molkerei eine Tochterfirma – ein Joint Venture – wir waren an ihr beteiligt. Auch hatten wir eine Provisionsvereinbarung, die uns aber die Molkerei nicht mehr auszahlen konnte, weil unser Umsatz zu hoch war. Wir sagten dann: »Okay, dann zahlt uns nicht aus, aber gebt uns stattdessen weitere Anteile an der Tochterfirma. Die Molkerei stimmte zu und so wurden wir Mehrheitseigentümer. Die Tochterfirma selbst hatte an sich keinen Besitz, sie bestand nur aus unserer Arbeit. Wir waren ja zu dieser Zeit bereits Miteigentümer. Wenn die Molkerei von den anderen Molkereien übernommen worden wäre, dann wären unsere Konkurrenten, die uns eigentlich immer schon ausschalten wollten, an unserer eigenen Firma beteiligt gewesen. Vielleicht hätten sie damals sogar die Mehrheit besessen. Mit Sicherheit wäre unsere schöne Sojamilchanlage beim Fenster hinausgeworfen worden. Ich war in der Zwischenzeit allein, Fred hatte mich verlassen, ihm war das Milchgeschäft zu langweilig geworden. Er wollte wieder in die große weite Welt, ist nach Asien abgedampft und in die Halbleiterindustrie übersiedelt. Seine Beteiligung hielt er weiterhin. Plötzlich stand ich vor dieser Situation und fragte mich, was ich tun solle. Ich legte der Bank ein Angebot vor, und wir übernahmen daraufhin den ganzen Betrieb, mit der Vorgabe, ihn innerhalb von 18 Monaten zu sanieren.

Die Molkerei schrieb in diesen Jahren bei 14 Millionen Euro Umsatz drei Millionen Verlust, was eine fast hoffnungslose Situation darstellte. Der Konkurs drohte. Zusätzlich gab es viele Probleme mit der Organisation der Molkerei. Ich stand vor der für mich völlig neuen Aufgabe, plötzlich einen Betrieb leiten zu müssen, übersiedelte nach Oberwart, wurde Betriebsleiter und hatte wieder mit neuen Problemen zu kämpfen. Es gab zu wenig kompetentes Personal, dadurch entstanden Qualitätsprobleme. Umgekehrt waren wir auch Glückspilze, denn wir hatten die Sojamilch! Sie boomte und half uns, aus den roten Zahlen zu kommen. Letztlich ist es uns gelungen, den Betrieb um- und erfolgreich neu aufzustellen.

Unsere Sojamilch wurde von Anfang an aus regionalen Sojabohnen aus dem Burgenland hergestellt. Die Molkerei im Südburgenland lag mitten in einer österreichischen Sojaregion. Mir wurde erst während dieser Zeit bewusst, dass die Sojabohnen, die im Burgenland wuchsen, in der Folge nicht als Futter in die Kuhställe kamen und auch nach wie vor nicht kommen, sondern dass die burgenländischen Kühe das gentechnisch veränderte Soja aus Brasilien fressen mussten.

Nach und nach bezogen wir all unsere Bohnen über einen Dreiecksvertrag zwischen der Molkerei, den Bauern und dem Silo direkt von den Bauern. So wusste jeder Bauer, welche Sorten er anbauen konnte und welchen Preis er dafür bekommen würde. Mir selbst war vor dieser Zeit die in Österreich bereits beginnende Sojaproduktion nicht bewusst gewesen. Heute ist das Südburgenland das dichteste Sojagebiet Österreichs, hier wächst und gedeiht die Bohne ausgezeichnet. Für uns war es wie eine Fügung, dass mitten in diesem Gebiet die Molkerei stand.

Der Zusammenhang von Landwirtschaft, Nachhaltigkeit und CO_2-Einsparungen wurde uns hier täglich vor Augen geführt: Riesige »Bigbags«, 800-Kilo-Säcke voller burgenländischer Sojabohnen, wurden geliefert. Ich half beim Ausladen, wir schichteten sie in einen kleinen Raum von etwa 30 bis 40 Quadratmetern. Das reichte für die Produktion von Sojamilch für einen ganzen Monat. Aus einem Kilogramm Sojabohnen kann man sieben Liter Milch erzeugen. Zur gleichen Zeit fuhr ein Tankwagen nach dem anderen in den Hof der Molkerei ein, nur um die Kuhmilch für den Tag anzuliefern.

Auf der einen Seite lagerten diese schönen, trockenen, herrlich duftenden Sojabohnen, auf der anderen hatte man, um die gleiche Menge Kuhmilch zu produzieren, 400 Kuhställe, 400 Traktoren, 400 Misthaufen, unsäglich viele stinkende Tankwägen, Transportwägen und Kühe, die eingesperrt im Stall stehen und Unmengen an Sojaschrot aus Brasilien fraßen, das in schweren Tankern über das Meer geschifft wurde. Jedem, der das sah, leuchtete ein, dass da etwas nicht in Ordnung war.

In unserem Auftrag wurde daher eine Umweltbilanz erstellt, eine CO_2-Bilanz der Sojabohne und der Kuhmilch unserer Fabrik. Das war verhältnismäßig einfach, denn beide Produktionen fanden am selben Ort statt. Die Abfüllanlage war die gleiche, die Tanks waren die gleichen, auch die Mitarbeiter waren dieselben. Nur die Produktion der Milch war anders. Dabei wurde festgestellt, dass es um den Faktor 1:5 nachhaltiger ist, Sojamilch zu trinken. Der CO_2-Ausstoß von Kuhmilch ist extrem hoch.

Von nun an produzierten wir beides. Mir aber wurde schnell bewusst, wie viel mehr Spaß es machte, neue Dinge zu produzieren, an der Produktentwicklung beteiligt zu sein, gemeinsam zu forschen. Es beflügelte mich. Mein Interesse an der Produktion und dem Verkauf von Kuhmilch schwand. Im Kuhmilchgeschäft ging es immer nur um den letzten Groschen. Neue Dinge zu entwerfen und sie auch zu produzieren, war spannend. Dazu kam noch der relativ neue Anspruch an Nachhaltigkeit in der Produktion und die Erkenntnis, wie problematisch dieses ganze Milchsystem wirklich war und immer noch ist. Eines Tages erklärte ich dem Management, das Kuhmilchgeschäft abstoßen zu wollen. Die Kuhmilchproduktion machte allerdings immer noch 90 Prozent des Umsatzes aus, der um die 100 Millionen Euro lag. So einen großen Bereich stößt man normalerweise nicht ab.

Doch ich war nicht mehr motiviert. Es ergab für mich keinen Sinn mehr weiterzumachen. Wir hatten Glück, es fand sich ein Käufer für das gesamte Milchgeschäft. Nicht die Molkerei, aber die Milchkontingente, die Milchmarken, die Fahrzeuge. Das war die NÖM in Wien. Wir bekamen damit das dringend benötigte Geld und machten dann etwas sehr Verrücktes.

Das schlimmste Schlamassel war überwunden, Erholung eingetreten, also nahmen wir das Geld und kauften einen zweiten Betrieb in Deutschland. Da wir in Oberwart gut ausgelastet waren, hätten wir den Betrieb ausbauen müssen, was aber aufgrund der baulichen Überalterung nicht einfach gewesen wäre. Einen neuen Betrieb zu bauen, hätte uns ebenfalls überfordert. Deshalb fuhr ich durch Deutschland, sah mir alle Sojaproduktionsfirmen an und fand dabei heraus, dass die Firma Wild, ein Heidelberger Unternehmen aus dem Bereich der Fruchtzubereitung, bekannt durch die Capri-Sonne-Drinks, ein Sojamilchwerk in Schwerin in Norddeutschland hatte.

Dieses Werk war hochmodern, es war das genaue Gegenteil von Oberwart. Es war ein Werk wie ein garagengepflegter Ferrari! Alles ganz neu, top-ausgestattet, deutsche Qualität. Ich war begeistert. Der Betrieb lief aber defizitär, weil es zu wenig Aufträge gab, um die Maschinen auszulasten. So kam es dazu, dass wir diesen Betrieb zu sehr günstigen Konditionen übernahmen. Die Firma Wild war froh, ihren Verlustbringer abstoßen zu können. Dafür gab es jedoch viel Kritik, bei der allerdings das Wesentliche übersehen wurde: In diesem Betrieb konnte man nicht nur Sojamilch herstellen, sondern auch Hafer- und Reismilch, was für mich der eigentliche Grund für diesen Schritt war. Ich sah, dass die Ernährung bunter wurde und dass man verschiedene Alternativen zur Kuhmilch brauchte. All das war in Schwerin möglich. Aus der Mona, der ursprünglichen kleinen Tochterfirma der Oberwarter Molkerei, wurde auf diesem Weg der zweitgrößte Hersteller von Pflanzenmilchprodukten in Europa.

Einfach war nichts davon. Denn gegensätzlicher konnte sich eine Szenerie gar nicht darstellen: Ein Salzburger, der über Asien und Amerika im Burgenland landet, dann weiter nach Norddeutschland zieht, das wieder eine ganz andere Welt ist. Ein traditioneller Betrieb, der mehrere Jahrzehnte ausschließlich Kuhmilch produziert hat, stellt plötzlich auf Soja um, das bis dahin den Molkaristen und Bauern als Hauptfeind galt.

Doch der Rahmen veränderte sich. Plötzlich hatte man Kunden in ganz Europa, mit neuen Vorstellungen und Anforderungen. Qualitätsstandards mussten eingeführt werden. Es gab Veganer, denen man garantieren musste, dass da nicht einmal ein Molekül Kuhmilch in der Sojamilch enthalten ist, und das in einer traditionellen Molkerei. Dieser Prozess war unfassbar interessant, leider gab es aber auch einige Personen, die nicht mitgemacht haben. Die meisten jedoch schon. Es ist erstaunlich, wenn man heute nach Oberwart fährt und mit den Angestellten redet, dann spricht man mit stolzen Sojamilch-, oder Pflanzenmilchproduzenten. Mona hat sich zu einem blühenden Unternehmen entwickelt, mit 750 Millionen Euro Umsatz, mit vielen Mitarbeiterinnen und etlichen Standorten. In Oberwart liegt nach wie vor das Herzstück des Unternehmens. Wenn wir nicht gemeinsam diesen Weg der Veränderung gegangen wären, würde der Betrieb heute wahrscheinlich nicht mehr existieren.

2. Die Kraft von Ideen – aus alt wird neu

Was ich durch all das gelernt habe: Transformation ist möglich. Es zahlt sich aus, sich etwas zu trauen. Und es ist sinnvoller, sich mit neuen, innovativen Dingen zu beschäftigen, sich zu beteiligen, als sich in einer sich im Todeskampf befindlichen Industrie zu bewegen.

Was ich auch gelernt habe: Tolle neue Mitarbeiter stoßen dazu, wenn man etwas Neues, etwas Nachhaltiges macht. Gleich nachdem ich die Pflanzenmilchproduktion begonnen hatte, kamen die besten Leute zu uns, weil sie vom Produkt und seiner Neuartigkeit begeistert waren. Loyalität, Begeisterung und Teamfähigkeit gibt es nicht zu kaufen. Die Kraft von Ideen und Überzeugungen ist unfassbar groß.

Die Begeisterung für Neues und die Suche nach Wegen, die zuvor nicht beschritten wurden, hat nichts mit der Abwertung des Traditionellen zu tun. Tierhaltung an sich sollte nicht verurteilt, sondern die Probleme der Bauern und der Landwirtschaft als System gelöst werden: Die Bauern mussten ihre Landwirtschaften vergrößern, sie brauchten größere Ställe, die oft mehr Platz beanspruchten, als zur Verfügung war. Es wurde zwingend, Futtermittel zuzukaufen, weil man sie mit eigenen Ressourcen nicht mehr produzieren konnte.

Der Schaden, der auf vielerlei Ebenen angerichtet wird, weil der Bauer für sein Produkt schlecht bezahlt wird, kann nicht weiter ignoriert werden. Ein Landwirt bekommt zu wenig Geld für seine Milch. Als Molkereidirektor ist man bestrebt, Milch zu möglichst niedrigen Preisen einzukaufen. Schaut man sich allerdings Preise, Kosten und Märkte genauer an, erkennt man eine ganze Reihe an Ungereimtheiten und Ungerechtigkeiten. In Österreich kostet Milch um 20 Prozent mehr als in Deutschland, zugleich verdienen die österreichischen Bauern weniger als die deutschen. Die Supermärkte argumentierten, zu geringeren Preisen einkaufen zu müssen, weil sie durch die kleineren Standorte fern der Ballungszentren höhere Kosten hätten. Die österreichischen Molkereien wiederum argumentierten, sie seien kleiner als die deutschen und hätten deshalb höhere Kosten. Der Bauer ist auch kleiner und kann von diesem Lohn nicht leben, er wird aber wie ein Unternehmer behandelt. Der entscheidende Unterschied zum Unternehmer ist allerdings der, dass der Bauer keinen Ausweg hat. Er ist gezwungen, jeden Tag seine Milch zu liefern. Wenn die Molkerei den Preis senkt, dann muss er seine Milch trotzdem produzieren. Wenn er sie wegschüttet, steht er unmittelbar vor dem Nichts.

Diese existenzbedrohende Preissituation im Milchsektor ist schwierig zu verstehen. In Österreich hatte die Milchwirtschaft einerseits rot-weiß-rote Milchpackungen. Die Molkereien führten hingegen ins Feld, dass sie auf dem globalen Markt auftreten müssten. Dieser Widerspruch führte zu Initiativen wie »Die faire Milch«, die ich unterstützte, und wofür ich von anderen Marktteilnehmern kritisiert wurde.

»Die faire Milch« war eine Initiative von Bauern, die ihre Milch zu einem höheren Preis verkaufen wollten. Ich füllte sie ab, half diesen Bauern und trat als einziger dafür ein, in Österreich einen Milchpreis nach »Schweizer Modell« zu entwickeln. Dementsprechend würde es im Inland eine höhere Preisstruktur geben, die exportierte Milch würde günstig verkauft werden, um dann eine Mischung aus diesen beiden Preisen zu erzielen, sodass der österreichische Bauer mehr Geld bekäme. Das wären mögliche Modelle gewesen, die jedoch keine breite Unterstützung fanden.

Die österreichische Landwirtschaft war in einem falschen Globalisierungsdrang gefangen, sie wollte unbedingt weltmarktmäßig produzieren. Allerdings ist klar, dass Österreich kaum in der Lage ist, Milch, Kartoffeln oder Getreide auf dem Preisniveau des globalen Marktes herzustellen. Dafür ist die Landwirtschaft zu kleinteilig, zu kompliziert organisiert, die Strukturen sind zu klein. Österreich könnte sich nur auf eine Qualitätsnische konzentrieren. Aber auch das wäre schwierig und komplex, denn dazu braucht es sowohl Markenbildung als auch Strukturen, die es bei nüchterner Betrachtung nicht gibt.

Die Bauern als Opfer zu betrachten und die Supermarktketten als Nutznießer, wäre aber ebenfalls zu einfach. Vieles lässt sich auf mangelnde Initiative und falsche Beratung der Landwirtschaftsfunktionäre zurückführen.

Einen Ausweg aus dieser Sackgasse zu finden, ist mein großes Ziel. Soja bietet einen solchen Ausweg. Und diesen haben viele Unternehmerinnen, Innovatoren und Produzentinnen erkannt, Unternehmerinnen aus der Saatgutwirtschaft, Tofuproduzentinnen, Knabbersojahersteller und viele andere. Wir Produzentinnen in der österreichischen Sojawirtschaft haben uns zusammengeschlossen und unser Ziel war es schon damals, Soja in Österreich zu etablieren. Wir haben Feldtage veranstaltet, Sojaerntedankfeste organisiert und Pressekonferenzen gehalten. Wir haben mit Medizinerinnen zusammengearbeitet, die die ernährungswissenschaftlichen Vorzüge der Bohne dargelegt haben. Es gab Kongresse, Informationstage zu Spezialthemen und Vorträge von japanischen Wissenschaftlern.

Doch während all dies geschah, lag in Oberwart im Kuhstall immer noch das Gentechnik-Soja aus Mato Grosso. Eines Tages habe ich dann mit vielen anderen Menschen zusammen beschlossen, dass wir uns etwas überlegen müssten, denn dieses ganze fest verflochtene Bündel an Problemen konnte nicht in Österreich allein gelöst werden. Daraus entstand die Idee für Donau Soja.

3. Die Welt, dieser kleine Bauernhof

Das Verdauungssystem des Menschen ist hauptsächlich auf die Verdauung von Pflanzen ausgelegt. Traditionell war es so, dass wir 90 Prozent Pflanzen gegessen und 10 Prozent tierische Nahrungsmittel zu uns genommen haben. Tiere waren früher eine Ergänzung des Speiseplans. Es gab sie dort, wo man keine Pflanzen anbauen konnte, im Busch- und Weideland, auf Hängen, steilen Wiesen und Almen. Ihr Futter bestand aus Küchenabfällen. Klassisch handelte es sich um zwei Schweine, die zu kleinen landwirtschaftlichen Strukturen gehörten. Ihre Ausscheidungen wurden als Dünger für die Felder verwertet. So eine ortsgebundene und von regionalen Ressourcen abhängige Tierhaltung ist eigentlich das traditionelle System auf der ganzen Welt, egal, in welchem Land.

Die Zahl der zu versorgenden Lebewesen auf einem Bauernhof ist quer durch Kulturen und Zeiten ein wichtiger Faktor. Je mehr Tiere auf einem Bauernhof gehalten werden, desto weniger Menschen können bei gleicher Größe ernährt werden. Ein Bauernhof mit fünf Hektar Land etwa verträgt eine Milchkuh. Das ergibt Milch und Butter für den Eigenbedarf. Dann noch zwei Schweine zur Verwertung der Küchenabfälle und ein paar Hühner für die Eier. Bereits die Anschaffung eines dritten Schweins führt dazu, dass man es mit Getreide füttern muss, das eigentlich für die

Herstellung von Brot gebraucht wird. Das bedeutet, es gibt weniger Nahrung für die am Hof lebenden Menschen. Das gedankliche Bild von der Welt als kleinem Bauernhof erklärt viel: Wenn man acht, neun, zehn Milliarden Menschen ernähren will, ohne den letzten Regenwald zu roden, ohne ganze Kontinente zu zerstören, dann wird auf diesem Bauernhof nicht mehr so viel Fleisch gegessen werden können.

Die Fleischfresser fressen den Pflanzenfressern die Nahrung weg. Natürlich gibt es auch Abfallprodukte, Restprodukte, die sich als Tiernahrung eignen. Das ist allerdings quantitativ vernachlässigbar. Tiere sind aber nicht nur Fleischlieferanten, sondern sie produzieren auch Mist, der als Dünger dient. Tierdünger war immer schon wichtig, er wurde und wird seit jeher auf die Felder gebracht. Das ist an sich ein gutes System. Steigt die Anzahl der Tiere allerdings in einem Maß, das die Dimensionen der ortsgebundenen Landwirtschaft sprengt, funktioniert es nicht mehr. Die Tiere können nicht mehr von den eigenen Feldern ernährt werden, sondern es müssen Futtermittel zugekauft werden. In manchen Regionen, wie etwa in der Schweiz, kommen 70 Prozent der Futtermittel aus dem Ausland. Ähnliches gilt für Holland, Belgien und Dänemark, wo es wenige Felder und viele Tiere gibt. Es werden die globalisierten Agrarströme gebraucht, um die Massenproduktion von Tieren zu ermöglichen. Man könnte diese Situation wertfrei betrachten, doch sie hat Konsequenzen.

Stehen nicht nur zwei, sondern 1.000 Schweine im Stall, gibt es unglaubliche Mengen an Mist. Was geschieht damit? Wird er ins Wasser gekippt, überdüngen und verschmutzen die Gewässer. Wird er auf die Felder ausgebraucht, sind diese ebenfalls überdüngt. Wie wird man also das Übermaß an Mist los? Das ist ein riesengroßes Thema und betrifft den Stickstoffkreislauf. Weiter stellt sich die Frage, was angebaut werden soll, damit dieser viele Mist als Dünger verwertet werden kann. Die Antwort lautet: Mais. Denn Mais braucht viel Mist, und er erzeugt eine unglaubliche Biomasse. In der Steiermark werden 20 Tonnen Mais pro Hektar geerntet, das sind die weltweit höchsten Erträge. Viel Mist, viel Mais. Die Folge ist die Entstehung einer einseitigen Fruchtfolge. Wo aber wenig Vielfalt herrscht, ist das nächste ökologische Problem nicht weit. Es ist auch schon da, in Gestalt eines neuen Schädlings, des sogenannten »Maiswurzelbohrers«. Dieser Parasit arbeitet gründlich und frisst die Maiswurzeln zur Gänze auf. Baut man jedes Jahr Mais an, dann wird man ihn nicht mehr los. Daher wird der Schädling bekämpft, indem man Neonicotinoide spritzt. Dabei handelt es sich um starke Insektengifte, die auch den Bienen schaden.

Peter Ruckenbauer, einst Pflanzenbauprofessor an der Wiener Universität für Bodenkultur, bemerkte einmal anlässlich einer Veranstaltung zum Thema Sojabohne als Replik auf die Beschwerde über den Maiswurzelbohrer: »Gott schütze den Maiswurzelbohrer.« Er meinte damit, dass dieser dafür sorgen werde, dass die Bauern wieder eine Fruchtfolge einführen müssen. Baut man allerdings weniger Mais an, muss die Anzahl der Tiere verringert werden, weil sich sonst der Mist türmt.

Dieser Kreislauf und die Kräfte, die darin wirken, sind lange bekannt. Ruckenbauer formulierte schon in den 1960er- und 1970er-Jahren: »Unsere Tiere weiden am Amazonas.« Zu dieser Zeit hatte man in Europa damit begonnen, die riesigen Mengen an Sojaschrot zu importieren und sich damit in Abhängigkeit zu begeben. Wenn die Sojaschiffe eines Tages nicht mehr kommen würden, müssten wir innerhalb von zwei Wochen mindestens zwei Drittel unserer Tiere schlachten. Wir sind von einem verrückten, die Natur schädigenden System abhängig.

4. Das Tier und wir

In meiner Zeit in Oberwart fiel mir bereits auf, wie unterschiedlich sich die Tierhaltung gestaltete. Manche Bauern hatten moderne Ställe, in welchen die Tiere frei herumgehen konnten – bis zum Melkroboter. Andere Betriebe hatten noch eine »Anbindehaltung«. Es war auch nicht unbedingt so, dass kleine Bauern ihre Tiere besser behandelt hätten. Manchmal waren größere Bauern mit moderneren Ställen ausgestattet, in welchen die Tiere ein besseres Leben hatten als in kleinen, ganz alten Betrieben, die auch nicht mehr investieren wollten.

Welche Haltungsform nun die schlechtere oder bessere ist, sei fürs Erste dahingestellt. Denn die Diskussion um Tier, Ethik und Ernährung hat in letzter Zeit dramatisch an Fahrt aufgenommen. Die dem zugrunde liegende Frage ist, ob man Tiere, fühlende Lebewesen, überhaupt »halten« kann, wenn ja, wie man sie halten kann und ob man ihnen Leid zufügen darf. Das kann von verschiedenen Seiten betrachtet werden. Es gibt sehr strenge Gesetze, was Tierquälerei angeht.

Wenn bei den Olympischen Spielen ein Pferd mit der Gerte traktiert wird, gibt es einen großen Aufschrei. Gleichzeitig akzeptieren wir aber, dass andere Tiere auf eine Art und Weise gehalten werden, von der wir gar nichts wissen und die wir nicht sehen wollen. Und wenn wir etwas davon hören, dann vergessen wir es schnell wieder.

Wenn ein Tier zum Produkt, zur Commodity, wird, ändert sich unsere Haltung. Wir bringen das Produkt nicht mehr mit seinem Ursprung in Verbindung. Würden wir uns den Ursprung, das tatsächliche Leben dieser Tiere, vor Augen halten, könnten wir sie nicht essen.

Ich war selbst in sehr vielen Ställen. Die Bauern haben sie stolz präsentiert. Die Ställe sind nach den gesetzlichen Vorschriften gebaut und geführt, sauber und hygienisch. Das Leben der Tiere spielt sich dennoch eintönig, oft ohne Tageslicht, ohne Auslauf ab. Sieht man das mit eigenen Augen, will man nichts mehr essen, was von diesen Tieren stammt. Das ist die eine Seite. Auf der anderen Seite steht die Frage nach der perfekten Haltung. Zwischen Käfig- und Freilandhaltung gibt es Abstufungen. Dass die Freilandhaltung dem Tier besser entspricht, ist klar. Dabei ist nicht zu vergessen, dass auch das Leben des Freilandhuhns nach einem Monat vorbei ist, obwohl es noch fünf bis sieben Jahre leben könnte.

Die Diskussion um das Tierwohl in der Landwirtschaft ist und bleibt von zentraler Bedeutung, die Umstände sind äußerst komplex, und eine schnelle und einfache Lösung ist nicht absehbar. Diese Frage wird uns noch viele Jahre beschäftigen.

Vielleicht kommt die Menschheit irgendwann zu dem Schluss, überhaupt keine Tiere mehr zu halten. Oder keine Tiere mehr zu essen. Vielleicht wird man Kompromisse eingehen, über deren konkrete Optionen ebenfalls heftig debattiert werden wird. Aber eines ist sicher: Ein Tierwohl-Aufkleber auf den Verpackungen im Supermarkt-Regal ändert nichts am Grundproblem.

Am Beispiel der Schweinehaltung zeigt sich das Dilemma in seiner ganzen Dimension. Man will das Fleisch von Ferkeln in der Pfanne und auf dem Teller. Aber was man nicht will, ist der

eindringliche »Eber-Geschmack«. Dieser wird vom Sexual-
hormon und von Bakterien im Dickdarm der Eber verursacht
und kommt bei etwa fünf bis zehn Prozent der Tiere vor. Um diesen unangenehmen Nebengeschmack zu vermeiden, werden alle
männlichen Ferkel kastriert. Laut Vorschrift dürfen die Tiere bis
zu einem Alter von sieben Tagen ohne Betäubung kastriert werden. Sie werden mechanisch fixiert, mit einer Quetschzange
wird der Samenstrang durchtrennt, und die Hoden werden mit
einem Skalpell abgeschnitten.

Die Ferkel erleiden Schmerzen, die man mit dem Ziehen eines
Weisheitszahnes ohne Betäubung beim Menschen vergleichen
kann. Das Tier überlebt den Vorgang, es liegt bis zu einer Woche
in Schmerzen, bleibt oft traumatisiert. Das Ferkel-Kastrieren
dieser Art ist ein eigener Beruf. Die Kastration mit Narkose darf
nur ein Tierarzt durchführen, der jedoch geringe Mehrkosten verursachen würde. Es gäbe auch noch andere Methoden, die in letzter Konsequenz zu einer Preissteigerung von etwa drei Cent pro
Schweineschnitzel führen würden. Aber selbst das ist dem Markt
schon zu viel. Die »gute« Kastration gibt es nicht.

Es ist auch nicht damit getan, Fleisch aus biologischer Landwirtschaft zu konsumieren. Man bewegt sich dabei in einer Grau-
zone zwischen Ethik und Landwirtschaft, innerhalb welcher
sich die Grenzen gerade zu verschieben beginnen. Zuweilen wird
dieser nun stattfindende Wandel mit der einstigen Diskussion
um die Sklaverei verglichen.

Über zwei Millionen Jahre wurden Menschen versklavt. Eine
Welt ohne Sklaven konnte sich niemand vorstellen – vielleicht
so, wie sich jetzt niemand eine Welt ohne Tierhaltung und tierische Nahrungsmittel vorstellen kann. Irgendwann gab es erste
Diskussionen über eine humanere Sklavenhaltung, über mehr

Platz im Haus, einen freien Tag pro Woche, Seelsorge, Privatsphäre etc. Am Ende schafften es die Menschen aber auch ökonomisch, ohne Sklaven zu leben und zu arbeiten. Ein Grund für die Abschaffung der Sklaverei war die Erfindung der Landmaschinen. Plötzlich brauchte man die menschliche Muskelkraft nicht mehr. Sie konnte durch Maschinen ersetzt werden.

Wenn sich heute Konzerne bemühen, Alternativen zu Fleisch herzustellen, dann ist das vielleicht mit dieser Bewegung zu vergleichen. Wenn die Alternativen eines Tages gut schmecken, könnte es sehr schnell gehen, dass man sich gemeinsam entscheidet, Tiere nicht mehr so zu halten.

5. Alternativen zu Fleisch –
Kopien sind langweilig – Barbecue Island

Derzeit diskutiert man mögliche Alternativen zu Fleisch. Drei mögliche Wege stehen zur Diskussion: Erstens, die traditionellen Wege, die Dinge, die man anstelle von Fleisch essen kann: Spaghetti mit Tomatensauce, Falafel, Tofu, Grünkernlaibchen, Glutenlaibchen und so weiter. Das sind Produkte, die nicht so tun, als ob sie Fleisch wären, die aber ebenso Protein enthalten. Hier gibt es bereits eine große Tradition, eine Vielfalt an Produkten, vor allem auch in Asien.

Zweitens gibt es die Produkte von Firmen, die jetzt gehypt werden, wie von »Impossible«, oder »Next level«. Hierbei handelt es sich um Nachahmungen von Fleisch aus pflanzlichen Rohstoffen. Oft sind diese Produkte aus hochverarbeiteten Zutaten mit komplexen Lieferketten, vielen Inhaltsstoffen und Geschmacksstoffen, Geschmacksverstärkern aromatisiert. Wenn man sich die Zutatenliste anschaut, dann ähnelt sie oft jener von

Hundefutter. Nicht gerade etwas, das man unbedingt essen möchte. »This is not food. Don't eat it«, würde Michael Pollan sagen. Aber auch diese Industrie bemüht sich um natürlichere Prozesse, darum, natürlichere Produkte mit weniger Zutaten zu entwickeln.

Die dritte Lösung, von der man sich eine klimagerechtere, ethischere, gesündere Zukunft verspricht und die daher stark im Kommen ist, ist das sogenannte »Lab-Meat«. Es handelt sich dabei um Fleisch, das im Labor gezüchtet wird, Fleisch aus der Retorte, aus einem Reaktor, in dem Stammzellen in Nährlösungen wachsen und am Ende »echtes« Fleisch dabei herauskommt, das aber nie ein Tier gesehen hat.

Kopien sind langweilig. Es ist einerseits ein großer Schritt, auf Fleisch zu verzichten. Viele freuen sich über eine frische Bratwurst oder ein saftiges Steak auf ihrem Teller. Andererseits können auch andere, neue Produkte diese Glücksgefühle erzeugen, sie müssen nur erst erfunden werden. Die Möglichkeiten, neue Nahrungsmittel zu kreieren, die nicht so tun als wären sie Fleisch, die aber auch wunderbar schmecken, sind groß!

Geht man allerdings davon aus, dass wir Fleisch essen müssen, dann hätte die Fraktion des Lab-Meats, der künstlichen Fleischproduktion, recht. Richtet man den Blick auf die Entwicklungen im Bereich der Milchprodukte, lässt sich feststellen, dass die Alternativen zu Kuhmilch sich durchgesetzt haben und nicht die Kopien, bei denen es sich um eine Art Pulver handelt, die aber eigentlich wieder vom Markt verschwunden sind. So könnte es auch beim Fleisch geschehen.

Die Debatten um Fleischkonsum, um Produktion und Tierhaltung gehören zu den wichtigsten Fragestellungen unserer Zukunft.Der Verzehr von Fleisch ist tief in unserer Kultur verankert. Bei Festen, zu Weihnachten oder Ostern, bei feierlichen Anlässen wie Hochzeiten kommt ein großes Stück Fleisch auf Tisch oder Tafel. Gelegentlich wird ein ganzes Tier gebraten, ein Spanferkel, das beim Fest dann sogar den Grund der Einladung darstellt und die Hauptrolle spielt. Man sitzt zusammen, wie man es seit jeher getan hat, plaudert, trinkt und pflegt so Familienbande, Freundschaften oder die Nachbarschaft. Ein Fest ohne Fleisch ist für viele Menschen schwer vorstellbar. Aus diesem Grund wird die Diskussion so heftig geführt. Sie berührt alle Lebensbereiche, von den wirtschaftlichen Rahmenbedingungen bis in unsere privatesten Sphären. Sich davon zu verabschieden, bedeutet einen großen gesellschaftlichen Wandel.

Möglicherweise löst sich diese Frage über die Zeit hinweg von selbst. Man stelle sich nur eine Generation vor, die kein Fleisch mehr essen würde, dann würden deren Nachkommen vermutlich später auch nichts verzehren, das sie nicht mehr kenngelernt haben. Es wird neue Rituale geben, neue Formen, neue Alternativen, die alle begeistern werden.

Soll der Mensch nun ganz ohne Tiere leben? Mensch und Tier haben seit jeher eine enge Beziehung. Man lebt nebeneinander, miteinander und voneinander. Es existieren Systeme der Tierhaltung, die sinnvoll und fair sind. Das sind jene Systeme, in welchen Tiernahrung und Menschennahrung zueinander nicht in Konkurrenz stehen. Diese bieten den einzigen Weg, um all die Ansprüche, Produktionsweisen und ethischen Fragen zu einem viel Besseren zu vereinen.

Noch einmal: Das gute Fleisch, das von einem Tier stammt, das gut gelebt hat, muss teuer sein. Es ist wertvoll. Dieser Wert ist durch die Masse an Billigfleisch aus dem Bewusstsein der Konsumentinnen verschwunden. Die Entwertung erstreckt sich jedoch auch auf die Arbeit der Bauern und ihre Beziehung zu ihren Tieren. Das ist eine unhaltbare und unerträgliche Situation. Sie kann nur durch Druck vonseiten der Konsumentinnen oder durch neue gesetzliche Vorschriften geändert werden. Alle Fleischkonsumenten sind an dieser Kette beteiligt. Alle, die Fleisch kaufen, es kochen und essen.

Die Doppelbödigkeit, einerseits qualitativ hochwertiges Fleisch zu fordern, andererseits nur einen billigen Preis dafür bezahlen zu wollen, ist aufzulösen. Nach der Erfahrung der Landwirte erklären die Konsumenten, nur die beste Qualität zu wollen, kaufen dann aber das Billigste. Die Verpackungen sind schön und ansprechend gestaltet. Darauf abgebildet fast lächelnde Tiere, saftige Wiesen und Berggipfel im Hintergrund. Was für ein Gegensatz zum Tierleben im dunklen Stall, auf dem Transport-Lkw, im Schlachthof. Mittlerweile ist hinlänglich bekannt, was abläuft. Dennoch vergessen viele die Realität, wenn sich der Appetit auf ein Grill-Kotelett einstellt.

Nehmen wir an, es wäre bei uns eines Tages verboten, Fleisch zu essen. Vielleicht gäbe es dann ein paar Länder auf der Welt, wo das noch erlaubt wäre. Dann käme es zu einer Art Grill-Tourismus. In Gruppen würden Männer dorthin reisen, um einmal wieder so richtig zuzuschlagen, ein schönes Steak, herrliche Würste, ein dickes Kotelett! Barbecue Island, maybe?

KAPITEL 9

NÜRNBERG UND LAN YU – WIRTSCHAFT VERÄNDERT DIE WELT

1. Das Paradies und die Orchideeninsel

Die Geschichte vom Paradies ist auch die Geschichte von der Vertreibung des Menschen als Jäger und Sammler und darüber, wie er dann zum mühsam arbeitenden Bauern wurde. Was historisch belegt ist, ist, dass das Sesshaftwerden einen Verlust an Lebenserwartung von zehn Jahren bedeutet hat. Die Menschen haben kürzer gelebt und mehr gearbeitet. Steinzeitmenschen haben laut Untersuchungen je nach Jahreszeit nur zwei bis fünf Stunden pro Tag gearbeitet.

Südlich von Taiwan liegt eine Insel mit dem Namen Lan Yu, das bedeutet Orchideeninsel. Sie ist üppig grün. Es regnet täglich. Die Vegetation ist tropisch. Orchideen wuchern in allen Farben. Dort lebt das Volk der Tau. Es baut spezielle Häuser gegen Taifune. Sie sind mit Schieferplatten gedeckt. Es gibt eine Art Keller, einen unterirdischen Schutzraum, wo die Familienwertgegenstände gelagert werden. Beim Schlafen liegen die Familien wie Sardinen nebeneinander, die Kinder in der Mitte und Mutter und Vater jeweils außen.

Auf den Dächern dieser Häuser stehen Pavillons, die im Fall eines Taifuns wegfliegen können. Die Tau sitzen tagsüber in diesen Pavillons auf steinernen Hockern und schauen über das Meer. Auf Lan Yu jagen die Männer fliegende Fische, die Frauen bauen süßkartoffelartige Knollen an. Das Besondere daran ist, dass ein Mann, der um zwölf Uhr nicht von der Arbeit zu Hause ist – denn von zehn bis zwölf Uhr ist die Zeit, um fischen zu gehen –, als asozial und als ein schlechter Mann gilt, weil er es nicht geschafft hat, seine Fische in der dafür vorgesehenen Zeit zu fangen; ein gescheiter Mann schafft das. Ab zwölf Uhr findet das Familienleben statt, man macht Musik und erzählt sich Geschichten. Die gefangenen fliegenden Fische werden vor den Häusern aufgehängt. Sie sind ein Zeichen dafür, dass hier eine ordentliche Familie lebt und je mehr Fische hängen, desto ordentlicher ist sie.

2. Transformationen

Als Molkereidirektor die Verarbeitung von Kuhmilch aufzugeben, war einerseits eine wirtschaftliche Entscheidung, andererseits, und das ist vielleicht noch wichtiger, eine persönliche. Das nachhaltigere Arbeiten mit pflanzlichen Rohstoffen geriet für mich in den Vordergrund. Neue Dinge zu erfinden ist aufregend; neue Prozesse, Technologien, neue Produkte. Soja ist die Zukunft, das schien klar. Aber es ist nicht der einzige Rohstoff mit Potenzial. Es gibt auch andere pflanzliche Milchsorten, die entscheidende Vorteile haben. Deshalb war es eine goldrichtige Entscheidung, das Werk in Schwerin zu kaufen, weil so weitere neue Märkte bedient werden konnten. Mit zwei Standorten ist eine stabilere Produktion möglich. Wenn da oder dort einmal etwas kaputt ist, dann kann die andere Anlage einspringen. Große Handelsketten werden gerne von Firmen mit mehreren Fabriken beliefert, weil man zu Recht immer befürchtet, dass etwas passiert; sie möchten sich verlassen können. So wurden wir zu einer Art kleinem »Multinational«. Wir hatten von da an mit vielen kulturell unterschiedlichen Menschen umzugehen. Da waren einerseits die quirligen Burgenländer, andererseits die eher schweigsamen, aber sehr netten, ernsthaften Mecklenburger.

Zu lernen gab es dort viel und Wichtiges: Über Kartoffeln und den Plattfisch, die Hauptnahrungsmittel der Gegend. Auch über den Hafer, den vor allem die schwedische Firma Oatly in den Fokus des Interesses rückte. Ein Professor aus Lund versuchte, etwas zu finden, das geeignet wäre, den Konsum von Hafer wieder zu fördern, vor allem weil Hafer Beta-Glucane enthält, die sich positiv auf die Senkung des Blutdrucks auswirken und die auch in der Medizin zur Anwendung kommen. Er fand heraus, dass man Hafer mit einem bestimmten Verfahren auch verflüssigen und zu Milch machen konnte. Er ließ dieses Verfahren patentieren, und seine Firma wurde über viele Jahre ein großer Kunde von uns, und ist es noch. Oatly ist heute an der New Yorker Börse notiert, mit 13 Milliarden Dollar bewertet und somit die wertvollste Milchmarke Europas, wertvoller als Danone. Sojamilch enthält viel gesundes Eiweiß und gesundes Fett. Hafermilch enthält fast kein Eiweiß und fast kein Fett, dafür andere Inhaltsstoffe. Das soll einmal mehr zeigen, dass es in der Ernährung nicht das einzig Richtige und das einzig Falsche gibt, sondern dass die Vielfalt entscheidend ist.

Die Geschichte von Oatly ist motivierend und ähnelt der Geschichte von Mona, die natürlich kleiner dimensioniert war. Es zeigte sich, dass sich diese Projekte der Veränderung vor dem Hintergrund eines größeren Wandels entwickelten. Daher war es für mich an der Zeit, mir über die strukturelle Basis all dieser Veränderungen Gedanken zu machen. Ich wollte die Idee der Veränderung, die ich bei der Mona durchgezogen hatte, auf größerer gesellschaftlicher Basis vollziehen. Das Ergebnis ist Donau Soja.

Bei Donau Soja geht es darum, mit gleichgesinnten Unternehmen und Menschen einen Wandel herbeizuführen. Unternehmen allein können die großen Strukturen nicht verändern, aber sie sind gut im Optimieren des logistischen Schritts vom Kunden zum Lieferanten. Nimmt man sich das Auto als Beispiel, dann zeigt sich ein Bild vieler Komponenten: Aluminium, Stahl, Kunststoffe und Gummi für die Reifen. Diese Lieferketten für jedes Einzelteil sind so lang und so verzweigt, dass Unternehmen sich zwar mit ihnen beschäftigen können, aber beeinflussen können sie diese nur minimal.

Den Unternehmer interessiert meist nicht, was ein Vorvorvorlieferant macht. Es liegt außerhalb seines Radars. Ein Unternehmen optimiert zwischen Einkauf und Verkauf, hier verdient es das Geld. Das ist aber nur ein winziger Teil des gesamten Netzwerks, in welchem ein Produkt hergestellt, vertrieben und verkauft wird. Diese Betrachtungsweise ist bei Herstellung, Logistik und Verkauf von Lebensmitteln ebenso wichtig. Ich dachte, es sei wichtig, zu versuchen, gemeinsam eine Veränderung herbeizuführen, mit gleichgesinnten Menschen, gleichgesinnten Unternehmen zusammenzuarbeiten. Diese neuen Wege zu finden, ist das Ziel von Donau Soja.

Dieses Ziel trifft sich mit meiner persönlichen Vorliebe. Neue Sachen zu erfinden, zu kosten und zu entwickeln, hat mir von jeher, seit der Zeit in der Küche meiner Großmutter, am meisten

Freude bereitet. Neue Formen, neue Konsistenzen, Geschmäcker und Substanzen zu probieren. Bei der Mona haben wir viele neue Produkte entwickelt. Je größer allerdings ein Unternehmen wird und je mehr Erfolg man als Manager hat, desto weniger Zeit bleibt für solche Prozesse. Die sinnlichen Aspekte kommen zu kurz. Eine größere Veränderung herbeizuführen, ist eine neue Motivation. Ich wollte mit meiner Erfahrung neue Wege finden, um Soja zu produzieren und zu verwenden.

3. Wie mir ein Teebauer aus Darjeeling »Bio« erklärte

Damals in der Molkerei war ich von Beginn an für den Betrieb verantwortlich. Ich musste mit Kolleginnen gemeinsam Produkte verkaufen. Ich bin gern gereist, gern zu Kunden gefahren. Damals sehr oft mit dem Auto, aber auch mit dem Flugzeug oder mit dem Zug. Es hat mich erfüllt, Menschen zu begeistern, zu überzeugen, auch zu verstehen, was sie wollen. Wir haben unsere Markenprodukte verkauft, aber auch Handelsmarken. Wie ein Maßschneider mit dem Kunden Produkte zu entwickeln, war sehr inspirierend. Oft war ich auf Messen unterwegs, wo man innerhalb weniger Tage viele Menschen aus seiner Branche trifft. Ich war auf Lebensmittelmessen, auf Molkereimessen und eines Tages gab es eine Bio-Messe in Nürnberg.

Das »Bio-Denken« war noch nicht ganz bei uns angekommen. Auch mir persönlich war es fremd. Dennoch bin ich Ende der 1990er-, Anfang der 2000er-Jahre zu dieser Bio-Messe nach Nürnberg gefahren. Heute ist sie eine weltweite Veranstaltung von ungeheurer Größe. Man braucht Tage, nur um alle Hallen zu besichtigen. Damals war die Messe noch ganz klein und völlig anders als alle anderen Messen, die ich kannte. Die Besucher und

Aussteller waren nicht, wie ich es kannte und gewohnt war, Menschen in Anzug und Krawatte, sondern in Rollkragenpullover oder T-Shirt. Hare-Krishna-Jünger zogen singend durch die Gänge. Bärtige Bauern aus der Schweiz, Visionäre, Pioniere, Menschen, die heute eine große Rolle spielen und mittlerweile große Unternehmen aufgebaut haben, präsentierten ihre Produkte, Ideen und Konzepte. Damals waren das noch kleine Betriebe. Alles zu sehen, ging recht schnell. Für mich war die Stimmung neu und auch ein wenig fremd, dennoch lernte ich viele Menschen kennen.

Heute hat »Bio« in alle Sphären des Lebens Einzug gehalten, und spielt auch in meinem Denken und Handeln eine große Rolle. Den Anfang machte eine Begegnung auf dieser Messe:

Ich stand ein wenig ratlos herum und irgendwann am Nachmittag war ich ein bisschen gelangweilt. Was meinen Bereich betraf, hatte ich alles gesehen. Auf einmal nahm ich einen kleinen Mann wahr, der unauffällig und zurückhaltend in einer Ecke stand, aber sehr sympathisch aussah. Es war die indische Ecke, die nur zwei Messestände hatte, wobei der eine schon abgeräumt war. Der andere, jener dieses indischen Mannes, war noch besetzt. Ich ging auf ihn zu. Sein Produkt, Tee aus Darjeeling, interessierte mich. Er war freundlich und zuvorkommend, sehr ruhig, wahrscheinlich wohlhabend, aber das wusste ich zu diesem Zeitpunkt noch nicht.

Ich fragte ihn, warum ich Darjeeling-Tee in der Bio-Version kaufen sollte, wo es doch bei Tee nur um den Geschmack ginge. Darauf meinte er, dass es im Gegenteil gar keinen Sinn habe, den Tee nicht in Bio-Qualität zu trinken. Er lächelte. Auf meine Frage nach der Begründung kam folgende Erklärung:

»Das ist doch ganz logisch«, sagte er »Nehmen wir einen Quadratmeter Land, auf dem die Teepflanze wächst. Wovon lebt sie? Von den Nährstoffen in der Erde und dem Licht der Sonne. Wie viele Nährstoffe aus der Erde und wie viel Sonne gibt es dort, in Darjeeling? Sie können jetzt diese Pflanze düngen. Was passiert dann? Die Blätter werden größer. Aber deshalb haben sie nicht mehr Geschmack, im Gegenteil. Sie müssen eigentlich mehr Blätter für dasselbe Volumen an Geschmack kaufen. Mein Tee kostet zwar das Doppelte eines anderen, aber sie brauchen nur die Hälfte. Es hat also überhaupt keinen Sinn einen Nicht-Bio-Darjeeling-Tee zu kaufen. Was passiert, wenn Sie den kaufen? Ich baue selbst Tee an. Meine Eltern haben unsere Plantage aufgebaut, und ich habe sie geerbt. Ich habe gesehen, wie viel Dünger ausgebracht werden muss, damit größere Blätter wachsen, die dann nach weniger schmecken. Gleichzeitig muss enorm viel gespritzt werden. Meine Pflückerinnen bekommen Krebs oder haben Ausschläge, Krätze, alle möglichen Zustände. Allein die Gesundheitskosten und die armen Familien dieser Menschen. Das zahlt sich doch nicht aus, nur damit sie dann doppelt so viel Tee haben, der nicht nach mehr schmeckt, sondern nach weniger.«

Das hat mich, einen Vertreter der konventionellen Landwirtschaft, der ich damals war, aus der Bahn geworfen. Mein Blickwinkel hat sich daraufhin nach und nach verändert. Eigentlich habe ich dem Teebauer aus Darjeeling und dem langweiligen Nachmittag auf der Bio-Messe in Nürnberg sehr viel zu verdanken.

4. Quantität geht auf Kosten der Qualität

Natur ist Vielfalt. Sie erzeugt nicht gleichförmig. Wenn wir riesige Mengen eines gleichen Produktes von ihr haben wollen, fordern wir etwas Unnatürliches. Kein Apfel gleicht dem anderen. Kein Baum, kein Pflänzchen gibt es in derselben Gestalt ein zweites Mal. Die Standardisierung von Produkten ist ein Eingriff, den man als gewaltsam bezeichnen kann. Für den kulinarischen Bereich gilt das ebenso. Werden Millionen Liter eines Weins produziert, kann er niemals so gut sein wie einer, der aus einem Weingarten stammt. Bei der Massenproduktion von Wein werden Trauben unterschiedlicher Weingärten zusammengeschüttet, seine Spezifität, Präzision, das Terroir muss dabei zwingend verloren gehen.

In der konventionellen Landwirtschaft hält man es für unerheblich, ob in großen oder in kleinen Mengen produziert wird. Wenn etwas in großen Mengen hergestellt wird, dann geht jedoch vieles verloren. Größe und Masse bewirken automatisch eine Reduktion der Qualität. Wer einen Garten besitzt, weiß das. Sind die Früchte des Aprikosenbaums im Juli reif, wird man feststellen, dass jede Aprikose anders schmeckt. Ob sie an dem einen Ast hängt oder an einem anderen, näher am Spalier oder an der wärmenden Wand, ob sie mehr Schatten hatte oder mehr von der Sonne abbekam – es gibt wohl keine zwei Aprikosen desselben Baums, die gleich aussehen und schmecken. Wenn alles gleich groß sein, gleich aussehen und schmecken soll, dann verlieren die Dinge einen Teil ihrer Qualität. Der Salzburger Philosoph und Vorreiter der Small-is-beautiful-Bewegung Leopold Kohr formulierte schon sehr frühzeitig, dass Dimension und Qualität zusammenhängen. Das heißt nicht, dass Produkte aus massenhafter Erzeugung per se schlecht oder ungesund sind. Aber sie haben nicht die gleiche innere Qualität wie etwas, das in kleiner Menge in einem kleinen Betrieb erzeugt wurde.

Was bedeutet das nun für die Sojabohne? Sie ist einerseits besonders gut für den biologischen Anbau geeignet, weil sie wie bereits ausgeführt keinen Dünger braucht. Das kommt der Bio-Produktion entgegen, da diese keinen Stickstoffdünger verwendet. Darüber hinaus bereitet Soja selbst den Boden für die nächste Kultur vor. Bio-Sojabohnen haben sogar höhere Erträge als konventionelle Sojabohnen, weil der Stickstoffdünger im Boden den Knöllchenbakterien schadet. Wenn im Boden ohnehin schon Stickstoff ist, dann wird die Sojabohne faul, bildet keine Knöllchen mehr und wächst auch nicht so gut. Sie reagiert auch sehr sensibel auf alle Arten von Pestiziden oder »Pflanzenschutzmittel«, wie man euphemistisch sagt. Jede Art von Bearbeitung mit »Pflanzenschutz« stört das Gleichgewicht der Pflanze. Die Sojabohne ist da sensibel und mag das gar nicht. Aus diesem Grund verlegen sich die konventionellen Bauern in Österreich jetzt mehr und mehr auf mechanische Unkrautbekämpfung, so wie die Bio-Bauern es machen.

Auf diese Weise kommt Innovation aus dem biologischen Anbau in die konventionelle Landwirtschaft. Je feuchter es ist, desto schwieriger ist es jedoch, ohne Pestizide auszukommen. In trockenen Gebieten wächst weniger Unkraut. In den Tropen ist das aber besonders schwierig und kompliziert. Dort gäbe es vielleicht andere Methoden. Der größte chemische Vernichter ist Glyphosat. Es hat sich vermutlich vor allem dort durchgesetzt, wo es riesige Anbauflächen gibt, die sich weit jenseits der täglichen Kontrolle durch den Landwirt befinden.

In Österreich und in Deutschland existieren viele kleine mittelständische Bauern, die ihre Felder im Griff haben, die in ihrer Nähe leben, ihre Höfe dort haben, die Felder täglich sehen und bemerken, was abläuft und sofort reagieren können. Deshalb glaube ich, dass das Ideal nach wie vor ein bäuerlicher Familienbetrieb ist, der seine Felder unter Kontrolle hält, beobachtet und sofort handeln und reagieren kann. Die großflächige Landwirtschaft mit riesigen Feldern und vielen Angestellten funktioniert aus diesem Blickwinkel schlechter und erzeugt viele Probleme, weil die Reaktionszeiten auf auftauchende Probleme länger sind. Mitarbeiter, die wenig Beziehung zum Produkt haben, weil sie auf Billiglohn- und Saisonbasis arbeiten, haben selten Interesse am Erfolg ihrer Arbeit. Warum sollten sie auch? Natürlich stehen sie anders zu dem Land und dem Boden, als wenn sie immer dort leben, arbeiten oder Land und Erträge sogar ihnen selbst gehören würden.

Ein gut geführter Familienbetrieb hat im Grunde die meisten Vorteile und ist letztlich vermutlich auch wirtschaftlich am erfolgreichsten. Es sind die Kleinbauern, die für den größten Teil der Nahrung verantwortlich sind. Es geht ja auch nicht nur darum, wie viele Kalorien ich erzeuge, sondern vor allem darum, wie viele Menschen davon leben können. Fährt man nach Brasilien oder Argentinien, findet man manche Gebiete völlig entvölkert. Dort leben nur noch wenige Menschen, weil es keine Arbeit mehr gibt. Die Abgewanderten werden dann Sozialhilfeempfänger in irgendeiner Stadt und bekommen Säcke mit Essen zugeteilt, anstatt dass sie von ihrem eigenen Land leben. Die richtige Frage ist also, wie viele Menschen von einem Stück Land leben können und nicht, wie viele Kalorien das Land erzeugt.

Trotz der Fortschritte bei der Pflanzenzüchtung und weiterer Verbesserungen steigen beispielsweise die Weizenerträge in Europa nicht mehr wesentlich. Es werden immer mehr Düngemittel und Chemikalien verwendet. Das Saatgut wird an sich besser, allerdings funktioniert das Programm nur noch in den Sortenversuchen, aber nicht mehr in der Praxis. Im Ergebnis bedeutet das, dass die Landwirtschaft auch bei uns in bestimmten Bereichen an ihre Grenzen gelangt ist. Entvölkerte Landschaften ohne Vielfalt können nicht mehr funktionieren, weder für die Tiere noch für die Umwelt, für das Leben im Boden oder für die Insekten.

Auch der Sojaanbau kann nicht isoliert betrachtet werden. Natürlich geht es bei Donau Soja um die Sojabohne, aber gleichzeitig auch um viel mehr. Es geht darum, eine buntere, naturnähere Landwirtschaft aufzubauen.

5. Nahrung für Wildtiere

Ein niederösterreichischer Großgrundbesitzer und Jäger berichtet von der Hege: »Für die Wildtiere muss es immer etwas zu essen geben«, sagt er. Das Problem seien jedoch einerseits die neuen Maschinen, die durch ihre Effizienz bewirken, dass nichts mehr auf den Feldern übrigbleibe. Früher blieben noch fünf Prozent der Weizenernte zurück. Wenn aber heute 100 Prozent geerntet werden, dann hat niemand mehr etwas zu essen. Die Saatkrähe geht leer aus, auch viele andere Tiere hungern. Eine zusätzliche Schwierigkeit ist die Fruchtfolge. Wenn ein Jäger seine Fasane haben will, dann brauchen die das ganze Jahr über etwas zu essen. Wenn es aber auf den Feldern nur ein oder zwei Mal im Jahr etwas gibt, dann überstehen sie die dazwischenliegenden mageren Perioden nicht. Deswegen plane er seinen ganzen Anbau so, dass die Fasane immer etwas fänden. Das müsse man für alle Tiere machen, auch für die Bienen. Er selbst streue deshalb einen Teil seiner Ernte auf die Felder zurück, damit kein Tier, ob groß oder klein, hungern müsse.

Auch die Maisfelder stehen inzwischen in extrem dichten Reihen, dazwischen ist kaum noch Platz. Je dichter und ausschließlich ertragsorientierter die Landwirtschaft wird, desto weniger Zwischenräume gibt es für alles andere. Man bemüht sich, Blühstreifen anzulegen und Hecken anzusetzen, aber das ist noch bei weitem zu wenig. Wie bereits erläutert, hat der verfügbare Platz direkt etwas mit unserer Ernährung zu tun. Würden wir weniger Fleisch und mehr Pflanzen konsumieren, dann hätten wir plötzlich wieder viel mehr Fläche zur Verfügung: Raum für alles mögliche Schöne, um unsere Landschaft grüner, bunter und vielfältiger zu gestalten.

Ein Gedankenexperiment: Würden 20 Prozent weniger Nahrungsmittel für die Fütterung der Masttiere aufgewendet, dann gäbe es 20 Prozent mehr Platz für Brachflächen, die Rehabilitierung von Feuchtgebieten, den neuen Aufbau von Mooren, von Blühstreifen und eine weniger dichte Produktion. Die gesamte Landwirtschaft könnte auf »biologisch« umgestellt werden, und alle hätten trotzdem genug zu essen.

Wenn wir unsere Ernährungs- und Produktionsweisen umstellten, würde das große Vorteile für uns alle bedeuten. Unsere Gesellschaft hätte einen enormen Gewinn an Schönheit und Vielfalt: vielfältigere, buntere Landschaften mit mehr Platz für Wildtiere! Und wieder mehr Platz für Menschen. Der Verzicht auf Liebgewonnenes oder auch nur Gewohntes ist nicht einfach, doch anstatt zu trauern, ist es besser, sich zu überlegen, was uns diese Veränderungen bringen würden. Man könnte sich zusätzlich überlegen, wie die Ernährung sich verändern müsste, denn letztlich geht es ja auch um das Kochen. Wie brät, siedet, würzt man pflanzliche Nahrungsmittel richtig?

In Indien wird größtenteils vegan gekocht. Wer an eine indische Tafel geladen ist, wird begeistert sein. Ohne jegliches tierische Produkt wird hier in der Königsklasse der Kulinarik gekocht. Das Raffinement beim Würzen, das Gefühl für Konsistenzen, das gibt es in der westlichen Küche nur im Spitzensegment. Wir haben offensichtlich verlernt, mit Pflanzen, mit vegetarischen Produkten umzugehen, sie zu kochen, sie richtig zuzubereiten. Es gilt zu überlegen, woher wir unser Umami bekommen. All das wieder zu lernen, brächte etwas Besonderes, etwas Interessantes mit sich und es wäre eine neue Herausforderung für unsere Gesellschaft, die wir gemeinsam annehmen könnten.

KAPITEL 10

VEREIN SOJA ÖSTERREICH, RITZLHOF GRÜNDUNG DONAU SOJA

1. Die Fleischindustrie

Im I-Ging gibt es das Zeichen *We Dsi*[28], es heißt übersetzt »Vor der Vollendung«. Wenn ich mit meinen Soja-Bemühungen nur schon so weit wäre, doch die europäischen Sojaölmühlen mahlen langsam. Langsamer als ich dachte und erwartet habe.

Das Zeichen wird unter anderem wie folgt erklärt: Es gibt in China ein Sprichwort, das handelt von der Vorsicht des Fuchses, der übers Eis geht. Er hört stets auf das Krachen und sucht sich sorgfältig und umsichtig die sicheren Stellen aus. Ein junger Fuchs, der diese Vorsicht noch nicht kennt, geht kühn drauflos und da kann es dann schon vorkommen, dass er einmal einbricht und nass wird und dass seine Mühe somit vergebens war. Überlegung und Vorsicht sind die Grundbedingungen des Erfolgs, steht im I-Ging.

Das könnte man auch auf den Weg von Donau Soja umlegen. Bereits Mitte der 2000er-Jahre habe ich meinen ersten Verein gegründet. Ich bin kein Vereinsmensch und habe mich auch immer

---

[28] Vgl. Wilhelm, Richard : *I Ging. Das Buch der Wandlungen.* Eugen Diederichs Verlag, Jena, 1924; neu herausgegeben von Ulf Diederichs. Deutscher Taschenbuchverlag, München, 2005.

dagegen gewehrt, einer zu werden. Ich war das Gegenteil, habe aber, als ich begonnen habe Sojamilch zu produzieren, etwas bemerkt, das mich gleich zu Beginn stutzig gemacht hat: Es gab einen massiven Widerstand der Agrarpolitik gegen pflanzliche Produkte und vor allem gegen Sojaprodukte. Die Ablehnung seitens der Milch- und Fleischproduzenten war heftig. Gegen Soja wurde mit allen nur möglichen Methoden, von der Verbreitung absurdester Verschwörungstheorien bis hin zu öffentlichen Kampagnen, gewettert. Das ist auch noch nicht zu Ende. Sojamilch darf immer noch nicht Sojamilch heißen, sondern nur Sojadrink, weil Milch ausschließlich ein Sekret aus einer Drüse ist. Die Bezeichnung »Drink« kann aber als irreführend bewertet werden, weil ein »Drink« eher aus mehreren zusammengemixten Zutaten besteht und der Begriff den Anschein macht, es handle sich nicht um ein natürliches Produkt, sondern um eine Mixtur.

Ungerechtigkeiten und Hindernisse werden der Verbreitung pflanzlicher Produkte in den Weg gelegt bis hin zu steuerlichen Nachteilen. Soja wurde und wird als Bedrohung erlebt. Nachvollziehbar war und ist das nicht. Aus heutiger Sicht gibt es dafür zwei Gründe: Die Landwirtschaftsvertreter haben Angst, dass die Bauern an Macht verlören, wenn ihre Milch mehr und mehr durch pflanzliche Milch ersetzt würde, oder ihr Fleisch durch pflanzliche Ersatzprodukte. Und sie haben Angst, dass es in Zukunft weniger Bauern gäbe, weil fünfzig Prozent der Landwirte heute Tierhalter sind. Zum zweiten wird befürchtet, dass die Landwirtschaft beim pflanzlichen Produkt an Wertschöpfung verlieren könnte. Das wäre der rationale Teil.

Der Widerstand war zu groß. Deshalb trat ich mit anderen Herstellern pflanzlicher Produkte in Kontakt, mit Menschen, die auch mit Soja zu tun hatten und die mit Soja bereits ihr Geld verdient hatten – mit Saatgutfirmen, Tofu-Firmen, Knabbersojabohnen-Produzenten, Sojaschrot-Mühlen usw. Schon damals gab es eine ganze Reihe von Sojaproduzenten in Österreich. Es kam zu einem Zusammenschluss und der Gründung eines österreichischen Sojavereins, dem »Verein Soja Österreich«. Ziel war es, für Soja aus Österreich zu werben, Pressearbeit und Lobbying zu betreiben.

Wir feierten mit den Landesräten der Bundesländer regionale Erntefeste, hielten Aussaatveranstaltungen ab, organisierten Fototermine, um die Bilder über die lokale Presse zu verbreiten, denn regionale Medien berichten gerne über regionale Ereignisse. Wir wollten zeigen, dass Soja hier bei uns, auf den österreichischen Feldern wächst. Auch die gesundheitlichen Vorteile von Soja wollten wir bekannt machen und dementsprechende Aufklärung betreiben.

Jedes Jahr organisierte »Soja Österreich« einen Kongress. Einmal ging es um gesündere Ernährung, dann wieder um die Wirkung von Soja auf den Alterungsprozess. Internationale Soja-Expertinnen und Wissenschaftler aus Asien und der ganzen Welt sprachen auf diesen mehrtägigen Symposien. All diese Kontakte führten zu einer weiteren Vernetzung des Vereins weit über Österreich hinaus. 2008 hat alles begonnen, 2011 kristallisierte sich heraus, dass das Thema Soja in Österreich allein nicht gelöst werden konnte.

Soja ist ein globales Thema. Durch den Import der Futtermittel kam die Gentechnik nach Österreich. Zudem wurde evident, dass Österreich und Europa bessere Züchtungen brauchen. Die vielen Kontakte und Gespräche machten klar, dass eine internationale Zusammenarbeit notwendig ist, um all diese Probleme zu lösen. Als Einzelkämpfer kann man zu wenig bewegen.

Ohne politische Unterstützung, auch durch die EU, wird sich nichts Großes verändern. Als kleiner Marktteilnehmer große Umstellungen zu bewirken, das erinnerte mich an die Zeit in der Molkerei. Auch da kam es erst durch die Bildung neuer Strukturen zu einem großen Wandel. Diese Erfahrung setzte ich ein und so schlossen sich alle österreichischen Sojaproduzenten zusammen – mit dem Ziel, international tätig zu werden.

Natürlich brauchte die neue Struktur einen Namen. Bei einem Kongress auf Einladung des oberösterreichischen Landesrats in Ritzlhof, der oberösterreichische Landesschule für Landwirtschaft, waren auch die Landesräte aus dem Burgenland und aus Niederösterreich anwesend. Dort erzählte ich den anwesenden Politikerinnen und Teilnehmerinnen von meiner neuen Idee, von »Donau Soja«. Diese Idee gab es schon zuvor. Von wem sie genau stammt, ist unklar. Warum aber »Donau Soja«? Weil entlang der Donau die besten agronomischen Voraussetzungen für den Sojaanbau in Europa existieren. Wie ein Gürtel zieht sich die Sojameile von Bordeaux in Frankreich über eine Diagonale durch Europa bis in die Ukraine, von der Po-Ebene im Süden bis nach Bayern hinauf und dann weiter in den Osten. Und überall gibt es Berührungen mit dem altbekannten Strom. Die Idee lag also schon zuvor in der Luft, ich musste sie nur zum Leben erwecken. Sobald das geschehen war, entwickelte sie unmittelbar einen starken Zug.

Unterstützung seitens der Politik und der Unternehmen fand sich schnell. Der Name »Donau Soja« klang verheißungsvoll. Eine Initiative aus dem kleinen Österreich hinaus auf eine gesamteuropäische Ebene zu bringen, stieß auf positive Resonanz. Im Januar 2012 fand die Gründungsversammlung statt, auf Anhieb hatten sich 20 bis 30 Mitglieder gefunden. Wir gründeten einen gemeinnützigen Verein, ich wurde zum Präsidenten gewählt und stellte daraufhin ein kleines Team zusammen. Nach einem Jahr zogen wir in ein kleines Büro in der Wiener Innenstadt. In diesem Büro fingen wir an, unserer »Donau-Soja-Idee« Gestalt zu geben. Das Besondere war der Versuch, notwendige Veränderung bewusst zu gestalten. Wir wollten der Veränderung nicht einfach ihren Lauf lassen, sondern sie auch initiieren und mitgestalten und dabei möglichst viele Stakeholder zur Teilnahme bewegen. Am wichtigsten waren uns die Landwirte und alle benachteiligten Gruppen, die von unseren Aktivitäten langfristig profitieren sollten.

Unter dem Zeichen *We Dsi* wird im I-Ging auch die Beziehung zwischen Feuer und Wasser beschrieben. Stellt man sich eine Feuerstelle vor, in der das Feuer über dem Wasserbehälter steht, so bleibt die Hitze des Feuers wirkungslos, die beiden stehen in keiner Beziehung zueinander. Das Feuer strebt nach oben zum Himmel, das Wasser drückt nach unten in die Erde, sie sind völlig voneinander getrennt. Wenn man Wirkung erreichen will, so steht es geschrieben, dann muss man erforschen, wo der richtige Platz für welche Kräfte ist, man muss sie zur richtigen Zeit, am richtigen Ort einsetzen, und dazu muss man auch selbst den richtigen Standpunkt einnehmen.

Aus mir war ein Wirtschaftsmensch geworden. In den 17 Jahren als Geschäftsführer im Milchbereich hatte ich auch die Erfahrung gemacht, dass Unabhängigkeit das höchste Gut ist. Danach strebt man. Hat man sie einmal, gilt es, sie zu erhalten. Insbesondere die Unabhängigkeit von Lobbys und Interessensgruppen. Diese Unabhängigkeit hatte ich, und sie war meine Stärke. Ich war wie aus dem Nichts in die Soja-Welt gekommen, hatte keinerlei Netzwerke, war politisch nicht punziert, weder war ich ein linker Grüner noch ein klassischer Konservativer. Ich war wirtschaftlich unabhängig, schuldete niemandem Loyalität. Ich war frei. Dadurch war ich ein guter Katalysator, um diese Idee in die Realität umzusetzen. Ich brauchte nur die Feuerstelle unter den Wassertopf zu rücken. Als unternehmerischer Mensch mit einiger Erfahrung stellte sich mir die Aufgabe, wie man einen Verein so gestalten könnte, dass er nicht nur von Mitgliedsbeiträgen und Förderungen lebt. Aus dieser Überlegung heraus entwickelten wir einen Qualitätsstandard für europäisches Soja, mit der Marke »Donau Soja« als Label – einen Standard für nachhaltiges, europäisches Soja mit genauen Anbaukriterien. Die Idee war, die europäische Sojabohne zu einer Marke zu entwickeln, das wollten wir damals, und das wollen wir immer noch.

Viele Menschen verbinden negative Dinge mit der Sojabohne. Sie wird mit Gentechnik, mit der Zerstörung von Regenwäldern in Brasilien und anderen tropischen Regionen in Verbindung gebracht. Donau Soja geht es darum, die europäische Sojabohne von all diesen negativen Assoziationen zu befreien und ihr ein neues Image zu geben. Dafür mussten wir alles dokumentieren und den Nachweis erbringen, dass unser Soja mit den oben genannten negativen Aspekten tatsächlich nichts zu tun hat, dass dahinter wirklich eine andere Form von Landwirtschaft steht. Als erste große Aufgabe, neben der Öffentlichkeitsarbeit, haben wir begonnen, den Donau-Soja-Standard zu entwickeln. Ein aufwendiger, komplizierter Prozess im Dialog mit vielen verschiedenen Stakeholdern, von der Mischfutterindustrie, den Ölmühlen, den Verarbeitern und Tierhaltern, bis zu den Tofu- und Saatgutfirmen. All diese Menschen aus Körperschaften und Institutionen begannen, über Entwicklungen und Kriterien miteinander zu verhandeln. Es dauerte insgesamt eineinhalb Jahre, bis alle Regeln aufgestellt und festgehalten waren.

2. Das Danube-River-Basin

Eines der Kernkriterien von Donau Soja ist die Herkunft aus der Donauregion. Diese galt es zu definieren, denn eine offizielle Grenzziehung gibt es nicht. Das Danube-River-Basin gilt als eine Art Landkarte von Donau Soja. Dazu zählen noch die Einzugsgebiete, die Landschaften entlang der Zuflüsse. Es musste auf- und abgerundet werden. Gewisse Regionen wurden zur Gänze integriert, andere kleiner gemacht und nach Bundesländern organisiert, sodass diese nicht geteilt werden mussten. Auf diese Weise entstand eine ganz eigene Herkunftsbezeichnung für unsere Sojabohnen.

Das zweite Kriterium ist die so apostrophierte »Gentechnikfreiheit«. In diesem Punkt hält Donau Soja sich an die bestehenden Gesetze, die es in Österreich und Deutschland bereits vorher gegeben hat. Die EU definiert, was Gentechnik ist, es ist aber nicht definiert, was gentechnikfrei bedeutet. Die Regelung der EU besagt, dass gentechnisch manipulierte Bestandteile in einem Produkt ab einem Schwellenwert von einem Prozent gekennzeichnet werden müssen, was aber nur für Lebensmittel und nicht für Futtermittel gilt. Das Tier wird nicht dadurch gentechnisch verändert, dass es das manipulierte Futter frisst. Auf der Fleisch-Verpackung ist nicht ersichtlich, ob das Tier mit Gentechnik-Futter gefüttert wurde oder nicht. Diese mangelnde Auszeichnung ist ein Problem.

Europäische Konsumentinnen lehnen Produkte mit gentechnisch veränderten Inhaltsstoffen ab, deshalb gibt es sie auch nicht auf dem Markt. Keiner würde sie kaufen, obwohl der Verkauf mit Kennzeichnungspflicht erlaubt wäre. Die Futtermittel müssen nicht ausgewiesen sein, deshalb bleibt die Lage für Konsumenten intransparent. Einzelne Staaten haben nun die

Initiative ergriffen, um eine Auslobung von gentechnikfreien Produkten zu ermöglichen, in der nach bestimmten Regeln auch die Futtermittel erfasst werden. Noch gibt es in Europa keine einheitliche Regelung, was ein Nachteil ist, es ist ein Fleckerlteppich. Deshalb entschied Donau Soja, nicht noch ein Fleckerl dazuzuweben, sondern sich an die österreichische und die deutsche Regelung zu halten. Für die Balkan-Region, in der es noch keine gentechnikfreien Standards gibt, haben wir eine Art Best-of-gentechnikfrei-System entwickelt, somit gibt es dort nun ein ähnliches System wie bei uns.

Das dritte und komplexeste Kriterium ist die Frage der Nachhaltigkeit. Soja mit dem Donau-Soja-Zertifikat muss nachhaltig hergestellt sein. Wenn wir für Donau Soja Standards auswählen, die sehr viel höher als die EU-Standards sind, dann erzeugen wir eine hohe Komplexität und Mehrkosten für die Landwirte. Wenn aber kein Mehrwert im Vergleich zu den geltenden Regelungen geboten würde, gäbe es auch kritische Stimmen. Die gesamte Situation ist sehr schwierig, da es hier auch um Futtermittel geht.

Das Thema Nachhaltigkeit ist für Donau Soja eine große Herausforderung, denn die Nachhaltigkeitsstandards müssen sich auch in Ländern außerhalb der Europäischen Union wie der südlichen Ukraine und Serbien anwenden lassen. Dieselben Standards für all unsere Landwirte festzulegen, egal, ob innerhalb oder außerhalb der EU, ist eine große Herausforderung. Für die Bauern in Serbien und in der Ukraine ist das umso schwieriger, weil schon allein die EU-Standards viel höher sind.

Die Landwirte innerhalb der EU müssen generell hohe Standards in allen Aspekten der Nachhaltigkeit und der Schädlingsbekämpfung einhalten. Trotzdem ist die Landwirtschaft innerhalb der Europäischen Union immer noch nicht nachhaltig. Hier gibt es noch viel Kritik zu üben und viel zu verändern.

3. Landnutzungsänderung, Sikkationsverbot, Pestizide

Bei Donau Soja ist die Behandlung der Sojabohne vor der Ernte mit Chemikalien, meistens handelt es sich um Glyphosat, verboten. Glyphosat tötet die Pflanze und lässt die Sojabohnen in der Folge austrocknen, damit sie schneller geerntet werden können. Es gibt einen Hauptgrund, warum europäische Konsumenten europäisches Soja kaufen, und der ist das Verbot dieser Chemikalie.

Die ganze Welt weiß es, aber sobald die Nachrichten im Fernsehen sich der nächsten Meldung widmen, ist das Bild von einem in Flammen stehenden Regenwald wieder aus den Köpfen verschwunden. »Brandrodung«, »Entwaldung« oder »Landnutzungsänderung« sind als Begriffe für diesen Vorgang verbreitet. Der größte Kritikpunkt an Soja aus Brasilien ist die mit dem Anbau einhergehende Zerstörung wertvoller Ökosysteme des Amazonas-Regenwalds oder der Cerrado-Savanne. In Europa darf dieser Raubbau nicht passieren. Daher stellt Donau Soja sicher, dass europäisches Soja frei von Landnutzungsänderungen ist.

Der größte Vorgang dieser Art in Europa fand in Deutschland statt, und zwar in Gestalt des gefeierten Großprojekts der Trockenlegung des Emmser Moores in den 1950er- und 1960er-Jahren. Es war ein heroisches Projekt von ungeheurer Dimension, auf das man sehr stolz war. Heute weiß man um die hohen CO_2-Emissionen, die bei der Trockenlegung von Mooren entstehen, und um den unfassbaren Verlust von Tierwelt und Diversität.

Auch in Rumänien gibt es Berichte über umfassende Abholzungen der dort immer noch existierenden Urwälder. Diese fielen zu großen Teilen der Holzindustrie zum Opfer. Auch österreichische Unternehmen waren an diesen großflächigen

Entwaldungen beteiligt. Feuchtgebiete im Donaubereich, in Serbien und in Rumänien wurden ebenfalls umgebrochen. Landnutzungsänderung passiert permanent, auch wenn ein Supermarkt auf eine Wiese gebaut wird. An sich bedeutet es nur, dass die Nutzbarkeit eines Stück Lands geändert wurde.

Bei Donau Soja darf Soja nur auf Feldern angebaut werden, die mindestens seit 2008 dem Ackerbau gewidmet sind. 2008 ist ein sogenanntes »Cut-off-date«, weil man die Flächen nicht tausende Jahre zurück kontrollieren kann. Ab diesem Stichtag bewertet man eine Fläche als landnutzungsfrei. Es ist ein Kernkriterium unseres Standards und wird unter hohem Aufwand kontrolliert. Drei bis vier Mitarbeiter beschäftigen sich ausschließlich damit. Sie sitzen über Satellitenbilder gebeugt und kontrollieren jedes Feld im Hinblick darauf, ob es auch vorher schon ein Feld war. Man kann ganz genau eruieren, wie ein Wald und wie ein Feld aussieht. Es sind ausreichend Daten, Muster und Vor-Bilder dafür verfügbar.

Wir haben viele Innovationen entwickelt, um unsere Standards zu überprüfen. Im Wesentlichen kontrollieren wir drei Hauptkriterien: Gentechnikfreiheit, Nachhaltigkeit und Herkunft. Zusätzlich existieren noch weitere Unterkategorien und Spezifikationen.

Die Kontrolle ist aufwendig und schwierig. So wurde entdeckt, dass Soja aus Übersee in den Anlieferungshäfen als europäisches Soja deklariert wird, sobald die europäischen Reserven sich neigen. Die Dokumente zu sämtlichen Bio-Produkten, so wie zu Lebensmitteln generell, werden an den Häfen kontrolliert. Verglichen werden die Unterlagen zu Einkaufs- und Verkaufsmenge. Ob aber die angegebenen Zeiträume stimmen und ob die Ware auch physisch im gleichen Lager war, ist schwer nachzuvollziehen. Dazu bräuchte man ein Überwachungssystem mit Kameras, und ein solches ist nicht durchzusetzen. Um festzustellen, woher eine Bohne wirklich stammt, bedient sich Donau Soja der Isotopenanalyse. Die stabilen Isotope der Sojabohne werden in einem Labor gemessen, die Ergebnisse in eine Datenbank gespeist, und dort wird der so gewonnene »Fingerabdruck« mit dem der Sojabohne aus einer anderen Region verglichen.

Die Erde, der Boden, das Wasser, all das ist in jedem Land anders beschaffen und bestimmt Struktur und Natur eines Produkts. Ins Labor kamen Sojabohnen aus aller Herren Länder, von Nigeria bis zum Amazonas. Die kontinuierliche Analyse dieser Bohnen-Weltsammlung hat Donau Soja zur weltweit größten Datenbank für Soja verholfen.

Neben den Hauptthemen birgt das Thema Pflanzenschutz großes Konfliktpotenzial. Im Fokus steht hier der Begriff »Sikkation« beziehungsweise dessen Verbot. Sikkation ist eine Standardmethode in den Tropen, bei der die Kulturpflanze zur Beschleunigung der Abreife mit Chemikalien, sogenannten »Sikkanten«, getötet wird. Diese Methode lehnen wir ab.

Wenn in den Tropen die Sojabohnen reif werden, dann dauert es aufgrund der hohen Luftfeuchtigkeit lange, bis sie trocknen. Deswegen wird in Brasilien jede Sojabohne, auch die gentechnikfreie, mit dem Sikkanten Glyphosat besprizt. Es zerstört den Prozess der Photosynthese. Die Pflanze vertrocknet und stirbt ab. Am Ende der Produktion ist die Bohne mit Glyphosat belastet, welches weiter in die Nahrungskette transportiert wird. In Europa haben wir zwar kühlere und trockenere Herbste, trotzdem ist es nicht einfach, das Sikkationsverbot durchzusetzen. Wir jedoch garantieren, dass unsere Sojabohnen von dem Moment an, wo sie ihren Kopf aus der Erde rausstrecken, bis zum Tag ihrer Ernte nicht mit Glyphosat behandelt werden.

Donau Soja verpflichtet seine Landwirte zur Einhaltung dieses Verbots und kontrolliert das auch. Dieser Einhaltung wird mit weiterführenden Untersuchungen nachgegangen. Fehler werden aufgezeigt und beseitigt. »Greenwashing« ist keine Option. Wenn es keine Fehler gäbe, bräuchte es auch keine Standards. Europas Landwirtschaft ist im Vergleich zu jener in vielen anderen Gebieten der Welt vielleicht nachhaltiger, aber bei weitem noch nicht im Idealzustand. Wir setzen auf ein risiko-basiertes Kontrollsystem. Das bedeutet, es wird dort verstärkt kontrolliert, wo das Risiko einer Unterschreitung der Standards höher ist. Wenn in einem Gebiet generell Gentechnik verwendet wird, dann ist das Risiko, dort auch Gentechnik auf dem Feld zu finden, größer. Wenn die gesetzlichen Standards der Kontrolle in einem Land schlechter sind, dann ist die Wahrscheinlichkeit größer, Schwachstellen zu finden. Es wurde ein komplexes System entwickelt, um die Kontrollen dem tatsächlichen Risiko anzupassen. In Österreich, der Schweiz und in Deutschland kann man davon ausgehen, dass der Landwirt im Wesentlichen nach den gesetzlichen Regeln produziert. Hier überprüft Donau Soja nur stichprobenartig ein bis zwei Prozent der Landwirte. Kontrolliert werden bestimmte Mengen, und es werden Pestizid- und Isotopenanalysen vorgenommen.

In der Ukraine und in Moldawien bekommt jeder Landwirt vor der Ernte Besuch von einem unabhängigen Inspektor. Die Ware wird geprüft, Proben werden entnommen Das ist aufwendiger, führt aber insgesamt zu einem fairen System. Die Standards werden nicht von Donau Soja kontrolliert, sondern von unabhängigen Stellen.

Donau Soja überprüft in drei Stufen:

Stufe 1: Jede Firma, jeder Landwirt macht selbst seine eigenen Kontrollen.

Stufe 2: Eine unabhängige Kontrollstelle kommt zum Landwirt.

Stufe 3: Donau Soja kontrolliert die Kontrollstellen, um sicherzugehen, dass das ganze System funktioniert.

Als gemeinnützige Organisation haben wir einen idealistischen Zugang zum Thema. Wir kommen nicht aus dem Zertifizierungsbusiness, denn auch das ist ja ein Business, sondern haben später gelernt, dass sehr viele Standards zwar gut klingen, dass aber wenig dahinter steckt.

Donau Soja geht den genau umgekehrten Weg. Es wird kein Label verkauft, auf dem sinngemäß steht: »Es ist alles gut und schön, so wie du es machst, passt!« Vielmehr wird ein System der möglichst genauen Überprüfung mit hohem Aufwand zur Anwendung gebracht, damit solche Standards tatsächlich eingehalten werden und die Produkte diese Bezeichnung verdienen.

4. Das Schwein und der Weltmarkt

Manchmal war ich, ich gebe es zu, naiv. Das ganze System der Futtermittel, die Industrie dahinter, sind doch viel schwieriger zu verändern, als ich es mir vorgestellt hatte. Auch hier verhält es sich so wie im Kuhmilchbereich. Es geht um jeden letzten Groschen, um den letzten Cent. Unser Donau Soja würde pro Kilogramm eineinhalb Cent mehr kosten als Soja aus Brasilien. Pro Tonne wären das 15 Euro an Mehrkosten. Das ist eigentlich nichts, lächerlich, dachte ich anfangs. Aber in der Landwirtschaft, in der Futtermittelindustrie, ergibt das eine ungeheure

Summe. Das Massentierhaltungssystem arbeitet mit so geringen Margen, dass niemand mehr wirklich Geld daran verdient. Ich war überzeugt, dass wir Soja, nach unseren Standards produziert, gut und schnell im Futtermittelmarkt unterbringen könnten. Weit gefehlt!

Unsere Milchmädchenrechnung ging so: Gutes Soja wird von allen angekauft. Fleisch, Milch oder Eier würden ein klein wenig teurer. Bei einem ganzen Schwein beliefe sich die Kostensteigerung auf zehn Cent. Das ist doch nichts!, dachte ich. Aber wie gesagt: Weit gefehlt!

Die Realität ist eine andere. Fleisch, Milch und Eier sind Commodities, die auf dem Weltmarkt gehandelt werden. Wird österreichisches oder deutsches Schweinefleisch nur geringfügig teurer, dann kann es nicht mehr weltweit vermarktet werden. Ein Schwein wird normalerweise in 100 Teile zerlegt, weiter verschickt und verschifft. Sobald es auch nur geringfügig teurer wird, ist es am Weltmarkt nicht mehr konkurrenzfähig. Von dem Schwein landet ein Drittel bei uns im Supermarkt, der Rest wird exportiert. Dieses eine Drittel müsste dann die Mehrkosten unseres europäischen Sojas tragen. Das sind die Gesetze des globalen Schweinemarktes.

In vielen anderen Bereichen ist es ähnlich. Sobald man die Welt der Commodity verlässt, wird man mit Hürden und Widerständen konfrontiert. Ein Schweineproduzent, ein Schlachthof, braucht eigentlich keine Verkäufer im eigentlichen Sinn. Er braucht keine Verkaufsstrategie, denn er verkauft zu Marktpreisen. Würde sein Schweinefleisch teurer, müsste er eine eigene Vertriebsstruktur aufbauen, sich mit Marketing beschäftigen, Markenbildung betreiben. Sein Business würde sich verändern. Hier tut sich die erste Hürde auf, die man für unüberwindlich hält, und die daher Widerstand auslöst.

Manchmal lohnt es sich abzuwarten. Sich langsam zu bewegen. Über die letzten zehn Jahre hat sich etwas verändert. Tierschutzstandards und Anforderungen an Futtermittel sind wichtiger geworden. Die Kritik wird lauter, sie sickert ins Bewusstsein der Allgemeinheit. Die Wirtschaftlichkeit ist nicht mehr der einzig entscheidende Aspekt. Es scheint, als wäre die Welt der Commodities ins Wanken geraten. Für Idealisten läuft dieser Prozess jedoch frustrierend langsam. Umgekehrt aber auch wieder nicht! Donau Soja gibt es heute in ganz Europa, in 26 Ländern, überall dort, wo Landwirte sind, die Soja anbauen. Der Verein hat 300 Mitglieder und ist unabhängig von jeder Interessengruppe. Wir verfolgen unsere eigenen Ziele, haben unsere eigenen Standpunkte, können uns als ehrlicher Makler positionieren. Wenn wir etwas sagen, ist schon allein aufgrund unserer Struktur davon auszugehen, dass es nicht aus Eigennutz geschieht, sondern dass wir im Sinne aller agieren. Diese Glaubwürdigkeit ist ein hohes Gut.

Die Suche nach neuen Wegen ist immer lohnend. Manchmal entdeckt man erst nach längerer Zeit – so wie Ernst Jünger in seinem Buch *Der Waldgang*[29] – Säume oder Pässe, die Strecken abkürzen. Warum also sollte der Mensch, die Gesellschaft, die Wirtschaft nicht die Möglichkeit ergreifen, offensichtliche Missstände zu beseitigen und den Weg der Krise zu verlassen?

Der Anfang von Donau Soja war ein solch neuer Weg. Ein erster Erfolg stellte sich sofort ein, denn eine Handelskette entschied sich, Eier von Hühnern anzubieten, die nur mit Donau Soja gefüttert wurden. Kurz darauf zogen sämtliche Handels-

---

[29] Jünger, Ernst: *Der Waldgang*. Klett-Cotta. Stuttgart, 2014.

ketten nach. Alle österreichischen Hühner werden mittlerweile mit Donau Soja gefüttert. Das war für uns ein großer Erfolgsschub. Im Jahr 2013 stieg zusätzlich die Mitgliederzahl deutlich an.

Einen nachteiligen Aspekt hatte die Sache allerdings. Denn die Fütterungsumstellung ging nicht von den Landwirten selbst aus, sondern von den Handelsketten. Die Handelsketten verlautbarten, dass ab einem bestimmten Datum nur noch Eier von mit Donau Soja gefütterten Hennen angekauft würden. Die Bauern bekamen dadurch den Eindruck, zu dieser Umstellung gezwungen zu werden. Das war nicht in unserem Sinne, obwohl es unserer Erfolgsorientierung entgegenkam. Im Rückblick muss allerdings anerkannt werden, dass die Landwirte nicht gut genug eingebunden waren, was einiges an Reibungen in der gesamten Kette verursachte.

Widerstand in der Wertschöpfungskette gegen Veränderungen taucht immer wieder auf, vom Landwirt über die Ölmühlen, die Verarbeiter und die Futtermittelwerke bis hin zum Tierhandel. Sie alle bevorzugen Sojaschrot aus Brasilien, weil sie um ihre Stellung auf dem Weltmarkt fürchten. Und das aufgrund von ein paar Cent. Es ist und bleibt unfassbar für mich.

Der Sojaanbau in Europa boomt nach wie vor. Es ist geradezu ein Hype. Plötzlich wurde begonnen, in Verarbeitungsstätten und in die Saatgutentwicklung zu investieren. Heute haben wir in Europa eine hervorragende Sojazüchtung, die breit aufgestellt ist. Universitäten in vielen Ländern, aber auch Saatgutunternehmen betreiben Forschungsprojekte. Sojasaatgut ist kein begrenzender Faktor mehr. Viele Menschen aus unterschiedlichen Bereichen haben von Anfang an an Soja geglaubt. Sie spürten, dass etwas im Entstehen ist. Allein die Erwartung ist einer der wichtigsten Wirtschaftsfaktoren. Wenn der Glaube an eine Entwicklung, eine Steigerung existiert, dann wird auf vielen Ebenen investiert und ein Wachstum erfolgt automatisch. Donau Soja hat das geschafft. Die Haltung zu Soja hat sich in vielen unterschiedlichen Bereichen zum Positiven verändert.

In unserem Verein treffen alle zusammen: Saatgutfirmen, Supermärkte, NGOs wie Greenpeace und WWF, große Ölmühlen, Agrarhändler und Bauern. Alles Menschen, die einander im täglichen Leben nicht begegnen würden. Üblicherweise sind in einem Verband entweder Schriftsteller oder Zahnärzte oder Rechtsanwälte oder Ölmühlen versammelt. Sie alle haben eigene Verbände, innerhalb derer sie miteinander an der Vertretung ihrer Interessen arbeiten. Donau Soja ist jedoch ein Change-Verband. Wir stehen für Veränderung – unter Einbeziehung aller Stakeholder. So entsteht eine neue Dynamik.

5. Europäische Identität – Osteuropa – Agrarkolonie

Unsere Organisation ist durch und durch europäisch. Ich war in meiner Milch-Zeit hauptsächlich in Westeuropa unterwegs, weil dort unsere Kunden waren. Osteuropa kannte ich kaum. Das geht vielleicht vielen in Österreich so. Die Ukraine und Rumänien sind immer noch fremd. Die meisten kennen unsere osteuropäischen Nachbarn kaum. Diese Länder gelten für viele als Armenhäuser mit rückständigen Strukturen, in welchen man die Ära des Kommunismus noch nicht ganz überwunden hat. Durch die Arbeit mit Donau Soja und das Nachdenken über fruchtbare Böden, Landwirtschaft und Strukturen ist mir bewusst geworden, wie sehr Europa zusammengehört.

Donau Soja ist europäisch, nicht nur im Sinne der EU-Mitgliedschaft, sondern im geografischen Sinn. Dies wird offensichtlich, wenn man den europäischen Proteinwagen antreibt, eine europäische Plattform bildet, auf der Menschen aus Ost und West ohne Hierarchie auf Augenhöhe zusammenarbeiten und Pläne gemeinsam umsetzen. Hier haben alle eine gleichberechtigte Stimme. Gerade in unseren neuen Büros in Serbien und der Ukraine spielen die Menschen dieser Länder die größte Rolle. Mit ihnen zusammenzuarbeiten, ihre Städte und ländlichen Umgebungen kennenzulernen, auch am Tisch von den Bauern zu sitzen und ihnen zuzuhören, das ist gelebtes Europa jenseits der Bürokratie.

Viele Bauern dieser Länder haben oft sehr kleine Landwirtschaften und erzielen ein geringes Einkommen. Die Gegenden leiden unter Landflucht, die Menschen wandern ab. Nach Stuttgart, München oder Berlin, um dort Putzfrau oder Taxifahrer zu werden. Unsere Maßnahmen sind auch dazu gedacht, dass die Menschen in ihren angestammten Umgebungen Jobs finden. Hier kann der Anbau von Soja eine effektive Maßnahme sein, weil das in Europa angebaute Soja auch in Europa verarbeitet werden muss. Jeder Hektar führt zu einer Verarbeitungskette, das heißt, zu Arbeitsplätzen in der Produktion. Wenn man fertigen Sojaschrot, ein Verarbeitungsprodukt, das in Amerika, in Brasilien und Argentinien hergestellt wird, einführt, kann dieser lokale Wirtschaftsimpuls gar nicht erst gesetzt werden. Die industrielle Verarbeitung und damit die Wertschöpfung bleiben, wie schon erwähnt, nicht in Europa. Zwei Drittel des in Europa konsumierten Sojas kaufen wir als Sojaschrot, ganz im Gegensatz zu den Chinesen, die die Sojabohnen in China verarbeiten. Nach China dürfen nur ganze Bohnen importiert werden, so schützen die Chinesen ihre Arbeitsplätze. Die Europäer machen das nicht. Europa exportiert übrigens genauso viel Weizen, wie es Soja importiert. Weizen wird aber immer als Rohstoff, als reiner Weizen, exportiert. Das Mahlen des Getreides und das Backen von Brot geschieht im Ausland. Europa kauft ein fertiges Industrieprodukt, indem es hauptsächlich Sojaschrot importiert.

Die Beziehungen nach Osteuropa und die Idee, einen innereuropäischen Handel aufzubauen, sind nun stark in den Fokus von Donau Soja gerückt. Traditionell war die Versorgung der westeuropäischen Ballungszentren bis nach Ostpreußen sehr stark mit den Überschüssen der Agrarlandschaft Osteuropas, mit der Bukowina, den Regionen Slawoniens, der Wojwodina, verbunden. Österreich profitierte stark von diesen Ressourcen. Heute geht es darum, partnerschaftlich und auf Augenhöhe eine europäische Eiweißversorgung aufzubauen. Das kann mit einer gemeinsamen und konzertierten Vorgehensweise gelingen und hätte den Vorteil, dass plötzlich zwischen Ost- und Westeuropa wieder ein Agrarhandel entstehen würde.

Der derzeitige Status der westeuropäischen Agrarlandschaft ist erfolgreich und produktiv. Alle notwendigen Güter können erzeugt und bereitgestellt werden. Außer Soja, den wir bekanntermaßen aus Übersee importieren. Nach dem Fall des Eisernen Vorhangs und der Wende von 1989 hat es wenige Anreize in Westeuropa gegeben, die Handelsbeziehungen mit Osteuropa wieder aufzubauen. Es wird von amerikanischen Agrarkonzernen organisiert, deren Interesse es ist, die osteuropäischen Überschüsse aus den Gebieten, in welchen wenige Menschen leben, wo es aber große landwirtschaftliche Flächen gibt, über das Schwarze Meer in arabische Länder, den Iran oder nach Afrika zu schiffen.

Diese Multinationals haben folgendes Konzept: Die Europäer exportieren Weizen und Mais, versorgen sich halbwegs selbst. Soja ist eine »Importcommodity« und wird nach Europa exportiert. Die gleichen Mengen an Weizen exportiert Europa, mit den Überschüssen aus Osteuropa werden Afrika und die arabischen Länder versorgt.

Der innereuropäische Eiweißhandel liegt nicht im Bereich des Interesses der Multinationals. Daran können sie nicht viel verdienen. Auch kann sich Europa das selbst organisieren. Deshalb haben die Bestrebungen von Donau Soja bei den Vertretern der Multinationals keinen großen Anklang gefunden.

Als Multinational muss man dafür sorgen, Gebiete zur Verfügung zu haben, die alle das gleiche Agrargut produzieren, damit große Überschüsse erzeugt und Schiffe beladen werden können, die das Gut an irgendeinen Bestimmungsort transportieren. Wenn es in einer Region eine ausgewogene Produktion gibt, dann haben sie nichts zu gewinnen. Diese Arbitrage, die Nutzung von Unterschieden, das ist eigentlich der wesentliche Faktor und ihr Informationsvorsprung. Donau Soja hat von Anfang an Transparenz gefordert, etwa bei der Preisgestaltung. Doch das war und ist nicht jedermanns Anliegen, weil die Marge im Agrarhandel ungern kommuniziert wird. Wir als Organisation versuchen, Transparenz zu bilden, indem wir zum Beispiel täglich Preismarkierungen anbieten, die auf einer Internetplattform einsehbar sind und ständig aktualisiert werden. Daran können sich sowohl Landwirtinnen als auch Verarbeiter orientieren. Für jemanden, der mit Soja richtig Geld verdienen will, ist das jedoch nicht so angenehm.

6. Die Europa-Soja-Erklärung

Soja ist eine Low-input-Kultur. Ein Bauer braucht dafür fast keine Düngemittel, außer vielleicht ein bisschen Phosphor. Er braucht auch kaum Pflanzenschutz, kaum Pestizide. Das heißt, einem Sojabauern kann man wenig verkaufen, er kann sein Soja sogar selbst nachbauen. Wenn er also einmal Saatgut gekauft hat, kann er es im nächsten Jahr vermehren und selbst weiterverbrauchen. Das ist bei vielen Hybriden, etwa bei Mais, aber auch bei vielen anderen, nicht so. Die Saatgutfirma macht demzufolge mit dem Sojabauern im Folgejahr und den Jahren danach kein Geschäft. Das könnte man jetzt positiv bewerten, wenn man es aus der Position des Bauern sieht, denn dieser spart Geld und macht sich auf diese Weise unabhängig. Aus der Position der Saatgutfirma sieht es weniger rosig aus. Sie macht kein Geschäft, verdient nichts und ist deshalb auch nicht bereit, zu investieren, weil es keinen Rückfluss gibt.

Aus der Sicht der Saatgutindustrie wird hier IP, Copyright, gestohlen. Sie entwickeln und forschen und am Ende bekommen sie kein Geld. Das ist ein wesentlicher Konflikt, den wir innerhalb unserer Organisation erleben. Auch hier soll eine Lösung gefunden werden, damit ein faires System entstehen kann, das auch die geistige Leistung und die Arbeit der Entwickler belohnt. Denn nur so kommt man zu gentechnikfreien Sojaprodukten.

Diese Donau-Soja-Vorgangsweise ist beispiellos. Die Multistakeholder-Cross-Value-Chain, die Internationalität, sie hat in dieser Form sonst keine Vorbilder. Am Beispiel Auto ist das leicht zu überprüfen. Man stelle sich vor, dass ein Autohersteller mit dem Kautschukbauern in Kontakt tritt, der den Rohstoff für die Reifen macht, die ans Endprodukt Auto montiert werden. Geschweige denn mit den vielen Akteuren, die auf dem langen Weg vom Design bis zum Ausfahren aus der Montagehalle ihren Beitrag leisten. Unvorstellbar!

Solche langen Ketten führen zu einer Beziehungslosigkeit. Bei Donau Soja jedoch werden alle, die mit der Produktion, dem Anbau, der Erforschung befasst sind, versammelt. Diese Qualität der Beziehungen und der Kommunikation macht es möglich, auch schwierige Themen zu verhandeln und zu diskutieren, weil das gemeinsame Interesse über allem steht, nämlich ein gentechnikfreies, europäisches Soja zu produzieren. Auf diese Weise lassen sich auch schwierige Fragen lösen und gemeinsame Entscheidungen finden, einmal mit mehr, einmal mit weniger Kompromiss-Bedarf.

Der erhobene Zeigefinger ist hier nicht angebracht. PR-Kampagnen machen andere. Es wird oft genug erklärt, dass man sich ändern muss, weil ansonsten bald die Welt zu Grunde geht. Das machen klassische NGOs wie Greenpeace und WWF. Donau Soja steht für Veränderung, denn diese geschieht ohnehin und muss unterstützt werden. Die Aufgabe besteht darin, die Veränderung in eine gute Richtung zu lenken, damit sie für alle funktioniert.

Am Anfang von Donau Soja stand eine Grundsatzerklärung, die von österreichischen und deutschen Bundesländern unterschrieben wurde. Bayern, Baden-Württemberg und die österreichischen Soja-Anbaubundesländer waren dabei, aber auch viele Staaten in Osteuropa.

Die »Europe-Soja-Erklärung« des Jahres 2017 war ein weiterer Schritt. Dabei handelte es sich um eine Erklärung von 14 EU-Staaten, inklusive der großen Länder Frankreich, Deutschland, Holland und Italien. Alle großen Sojaverwender in Europa haben mitunterschrieben. Diese Erklärung ruft zur Entwicklung einer europäischen Eiweißstrategie auf, die eine Sojastrategie sein muss. Interessanterweise hatte die EU drei Tage vor der Unterschrift offiziell angekündigt, einen europäischen Eiweißplan zu entwickeln. Unsere Arbeit hatte plötzlich einen länderüber-greifenden politischen Effekt. Diese starke Unterstützung von vielen Ländern führte zu einer Art europäischem Eiweißplan. Es handelt sich noch nicht um eine Eiweißstrategie, weil eine Strategie auf EU-Ebene mit Budget verknüpft wäre. Es ist vielmehr eine Art Plan, der in die Agrarpolitik einfließen soll und der sich auch in vielen Aspekten des Green-Deals der EU wiederfindet.

7. Die Eiweiß-Wende

Jeder kennt die Energie-Wende, die die Abkehr von Raubbau und Ressourcenverschwendung fordert, um natürliche Lebensräume und Diversität zu erhalten und Abholzung zu vermeiden. Die Grundforderung, nachhaltig ausreichend Protein für die Versorgung der Bevölkerung zu produzieren, bedingt die Eiweiß-Wende. Das ist unser Kernthema. Eine Eiweißstrategie muss unbedingt auch eine Ernährungsstrategie sein. Und das führt zu der Notwendigkeit von Ernährungsbildung.

Niemand kann vorschreiben, was gegessen werden soll. Diese Haltung ist mehr oder weniger Konsens. Zu erklären, zu informieren, Bewusstsein dafür zu schaffen, dass es nicht egal ist, was man isst, muss dennoch geschehen. Denn auch vor dem Hintergrund der individuellen Entscheidungsfreiheit muss thematisiert werden, dass es nicht egal ist, was gegessen wird. Und dass die Entscheidung für ein Lebensmittel oder eine gesamte Ernährungsweise große Bedeutung und weitreichende Konsequenzen hat. Grundsätzlich muss es darum gehen, Eiweiß zu sparen. Sowohl Mensch als auch Tier konsumieren zu viel davon. In der Tierhaltung lässt sich das relativ leicht ändern. Tiere fressen eben das, womit man sie füttert. Allein mit einer solchen Maßnahme wäre schon viel getan. In weiterer Folge geht es darum, ökonomische Rahmenbedingungen zu schaffen, um die Produktion und den Konsum pflanzlicher Produkte zu fördern, das ist derzeit noch nicht der Fall.

Auch andere natürliche Eiweißressourcen könnten besser genutzt werden. Zum Beispiel das Grünland. Die Analyse dessen, was auf einer Weide wächst, könnte ergeben, dass die schon vorhandenen Pflanzen ausreichend Eiweiß enthalten – vielleicht sogar genug, damit Milchkühe kein zusätzliches Soja brauchen.

Es gibt auch andere europäische Eiweißträger wie Raps und Sonnenblumenschrot, die man fördern sollte. Der Anbau von Soja und anderen Leguminosen in Europa hat noch großes Potenzial. Für dieses Gesamtpaket steht Donau Soja – mit Beschluss des Präsidiums. Bemerkenswert ist, dass etwa die Hälfte der Unterzeichnenden etwas mit Tierhaltung zu tun haben. Das darf als großes Zeichen und positives Signal für die Zukunft gesehen werden.

KAPITEL 11

COMMODITIES VS. BEZIEHUNGSSOJA

1. Futures

Der Begriff »Commodity« steht für ein anonymes Handelsgut, das bestimmte Qualitätskriterien erfüllt und global an Börsen gehandelt wird. Es ist ein Begriff für ein börsenfähiges Gut, einen standardisierten Handelsrohstoff wie Roheisen, Kohle, Kupfer, Stahl und Baumwolle. Diese Produkte haben einen einheitlichen Preis. Woher sie kommen und von wem, ist bedeutungslos. Commodities haben definierte Eigenschaften, die die Grundlage dafür sind, dass sie gehandelt werden. Das bedeutet, dass man mit der Sojabohne an der Börse dieselben Geschäfte, Futures und Kontrakte machen und Wetten abschließen kann, wie mit jeder anderen Commodity. An der Börse zu sein, hat große Vorteile, weil man die Commodity »hedgen«, das heißt, sich absichern kann. Es gibt *future hedges* oder *pending hedges*, die die Gegenwart betreffen. Wenn man weiß, dass nächstes Jahr eine gewisse Menge an Soja gebraucht wird, dann ist es sinnvoll und möglich, auf die Zukunft zu wetten, das heißt Futures zu kaufen. Wenn man etwa bedenkt, dass Soja im nächsten Jahr um 350 Euro verkauft werden könnte, kann man das absichern. Verändert sich der Preis nach oben oder nach unten, besteht die Möglichkeit, diese Schwankung durch Futures auszugleichen.

Durch Börsen kann das eigene Risiko reduziert beziehungsweise zum Teil auf die Allgemeinheit übertragen werden. Jede Commodity wird isoliert betrachtet. Es geht stets »nur« um Soja oder »nur« um Baumwolle. Ursprung, Kontext, von wem und wo produziert wird, all das spielt keine Rolle. Es gibt Standardspezifikationen für die einzelnen Commodities. Durchschnittliches Soja etwa hat den Proteingehalt und die Fette betreffend einen definierten Bereich. Wenn die Qualität besser ist, dann steigt der Preis ein wenig. Im Wesentlichen spielt das aber keine Rolle. In diesen liquiden und globalen Märkten wird, je nachdem was und wieviel gebraucht wird, gehandelt und hin- und hergeschoben.

Die Börse ist ein Basiselement des globalen Kapitalismus. Eine ihrer wesentlichen Merkmale ist die Anonymität. Käufer und Verkäufer haben keine Verbindung und keine Verantwortung. Es gibt Zwischenhändler, Börsenkontrakte, Zertifikate. Das Problem dabei ist, dass die staatlichen Standards für die jeweilige Produktion überall andere sind. In dem einen Land wird diese oder jene Commodity unter diesen und jenen Regeln des Arbeitsschutzes, der Menschenrechte, des Umweltschutzes etc. hergestellt – in anderen Ländern aber nicht. Der Preis wird dadurch nicht beeinflusst. Aus Börsensicht ist es das gleiche Produkt. Ob dahinter zum Beispiel bei Baumwolle Sklaven- oder Kinderarbeit steckt, eine riesige Maschine oder ein faires, nachhaltiges System, wird nicht beurteilt. Als Käufer muss ich auch keine Verantwortung übernehmen, ich kaufe eben immer »nur« Baumwolle, Weizen, oder Soja.

So wurde das bisher gehandhabt. Mittlerweile wurde erkannt, dass es so aber nicht weitergehen kann, weil immer mehr Menschen sich besser informieren und ihren Blick auf die Verhältnisse schärfen. Das Bewusstsein für die Gesamtthematik, die Zusammenhänge und Abhängigkeiten, für die Beziehungen zwischen allen am Prozess Beteiligten, wächst. Man weiß mittlerweile, dass man Kosten nicht abschieben kann und dass sie auf Umwegen auf den Konsumenten zurückfallen. Es hat sich im kollektiven Bewusstsein verankert, dass Wirtschaftsmächte, Staaten, und Politiker die Verantwortung für das Abholzen der Regenwälder und für den Klimawandel nicht einfach von sich weisen können. Das Verständnis für globale Zusammenhänge hat sich stark entwickelt.

Inzwischen haben alle Unternehmen erkannt, dass sie Verantwortung für ihre Lieferketten und auch für die Art, wie ihre Rohstoffe hergestellt werden, übernehmen müssen. Wenigstens zur Imagepflege. Vor zehn Jahren war die Diskussion bei weitem noch nicht so weit wie heute, doch auch heute wird oft lieber geredet als gehandelt.

Wenn man in der öffentlichen Kritik steht, setzt man gegenwärtig auf Standards und Zertifizierungssysteme. Man verlangt von den Produzenten irgendwelche Zertifizierungen, andernfalls müsse man beim zertifizierten Mitbewerber kaufen. Heute gibt es für alles Zertifikate: Fairtrade, Fisch-Zertifizierungen, nachhaltiges Palmöl und vieles mehr. Meistens entstehen in jenen Bereichen Zertifizierungssysteme, in denen es große Probleme in den Lieferketten gibt. Letztlich wird der Endkonsument in die moralische Verantwortung genommen, wenn er etwas kauft und verwendet, das den Menschen in jenem Land schadet, in dem es hergestellt wurde. Doch auch hier ist eine Verbesserung zu beobachten. Setzt man heute auf zertifiziertes Soja aus Brasilien oder Argentinien, dann ist das ein Fortschritt. Wenn man schon Soja aus Übersee kauft, dann wenigstens das mit den besten Standards. Das ist eine Verbesserung, wenn auch eine geringfügige.

2. Brasilien

Europa will zertifiziertes Soja, etwa Soja, für dessen Anbau garantiert kein Regenwald abgeholzt wurde. Wie sähe das konkret aus? Es gibt in Brasilien genug Flächen, die schon seit zehn oder 15 Jahren gerodet sind. Auf diesen Flächen wird nun Soja für Europa angebaut. Daneben entwalden und roden die Konzerne munter weiter, und dieses Soja geht dann nach China oder an andere Länder, die keine Umweltzertifikate verlangen. Oft hat sogar der gleiche Eigentümer einfach zwei Betriebe, mit denen er in beiden Systemen agieren kann. Der eine ist nachhaltig zertifiziert, eben für Europa, der andere nicht, für alle anderen. Die Zertifizierung bringt dem brasilianischen Regenwald also wenig. Sie hat keinen Sinn und keinerlei Wirkung. Die Lage ist eben komplizierter. Können Zertifizierungen ein systemisches Problem lösen? Eher nein. Wenn Soja zertifiziert ist, heißt das eigentlich nur »Ich bin sauber, du kannst mir nichts vorwerfen« und »Ich bin an den ganzen Problemen nicht beteiligt«. Es heißt aber nicht, dass sich in der betreffenden Region tatsächlich etwas zum Guten gewendet hätte. Dennoch ist es besser als gar nichts.

Viele Menschen in den betroffenen Ländern bemühen sich um Veränderung. Auch dort ist man von der relativen Zahnlosigkeit der Zertifizierungspraxis frustriert. Das Grundproblem wird dadurch nicht gelöst. Wo nur Soja und Mais wachsen, wie etwa in Paraguay, wo Soja einen Anteil von 79 Prozent an der landwirtschaftlichen Produktion hat, sollten auch viele andere Sachen angebaut werden. In Europa beträgt der Soja-Anteil an der Fruchtfolge zwei Prozent. Es werden nahezu keine Leguminosen angebaut, wodurch auch keine natürliche Stickstoffbildung stattfindet. Es ist zu kurz gedacht, wenn man behauptet, das Problem läge an Paraguay, und Paraguay solle sein Soja zertifizieren, dann wäre alles gut. Das ganze System muss überdacht, analysiert und geändert werden.

Donau Soja vertritt den systemischen Ansatz. Nicht weil wir in erster Linie Anwälte der Sojabohne sind, sondern weil das System an sich verbessert werden muss.

Man braucht mehr Soja in Europa. Wird in Europa mehr angebaut, wird weniger importiert, was in der Folge die Regenwälder entlastet. Das würde die Export-Länder in die Lage versetzen, etwas anderes anzubauen, nicht nur für den Export, sondern auch für den eigenen Bedarf.

Das Gegenargument folgt auf den Fuß und lautet: Wenn Europa diesen Ländern nichts mehr abkauft, dann kann es sie nicht mehr beeinflussen. Das ist durchaus richtig. Und auch bei Donau Soja sieht man das so, allerdings mit anderen Voraussetzungen. Wenn bei ukrainischen Bauern gekauft wird, dann unter der Bedingung, dass die dortige Landwirtschaft unter Nachhaltigkeitskriterien funktioniert.

Im Überblick erkennt man, dass das Prinzip der Arbeitsteilung auf die Landwirtschaft angewendet nur zum Teil funktioniert und schnell an seine Grenzen gelangt. Denn die Natur ist nun einmal keine Fabrik, sondern ein viel komplexeres System. Die Möglichkeiten der Vereinfachung und Standardisierung in der Natur sind beschränkt und führen stets zu neuen Problemen. Damit der Druck von wertvollen und sensiblen Ökosystemen genommen wird, müssen die Fruchtfolgen auf den Feldern Europas verbessert und die Importmengen reduziert werden. Das ist der Mechanismus, auf den wir setzen.

3. Qualität der Nähe

Überall in Europa wird dort, wo Soja angebaut wird, anders mit der Pflanze gearbeitet. Es entwickeln sich Beziehungen und Verbindungen, die es so zuvor nicht gegeben hat. Zuerst einmal zur Pflanze selbst: Ein Schweinebauer, der tonnenweise Soja aus dem brasilianischen Regenwald bestellt und es seinen Schweinen in den Futtertrog schüttet, hat keinen Bezug zu diesem Produkt. Oft weiß er nicht einmal, wie die Pflanze, wie die Bohne, aus welcher der Schrot für seine Tiere gemacht wird, überhaupt aussieht. Ein Bauer, der selbst Soja anbaut, der mit Soja arbeitet, so wie viele Landwirtinnen in Österreich, in Deutschland und in der Schweiz, der kennt seine Pflanze, er weiß, wie sie wächst. Ein Bauer, dessen Landwirtschaft in einem Sojaanbaugebiet liegt, der aber kein eigenes Soja anbaut, kauft es beim Nachbarn. Und daher weiß er, woher sein Soja kommt, wo es wächst, wie es aussieht etc.

Aus Anonymität wird Kontakt, Wissen und Beziehung. Dadurch fallen die Grenzen im Kopf, und geografische und politische Grenzen sind keine unüberwindlichen Hürden mehr. Aus Beziehungen entstehen letztlich Netzwerke, die es ermöglichen, gemeinsam weit über die Grenzen des Donau-Soja-Gebiets hinauszudenken. In diesem Rahmen arbeitet etwa ein Bauer aus Deutschland mit einem Bauern aus Kroatien zusammen. Eine Kooperative in Deutschland arbeitet mit rumänischen Landwirten daran, Soja in Rumänien aufzubauen und es dann von rumänischen Landwirten zu beziehen. Die Landwirte treten untereinander in Kontakt, besuchen einander und entwickeln eine Zusammenarbeit.

Persönliche Nähe erzeugt auch wirtschaftliche Qualität und in letzter – erfreulicher – Konsequenz eine Wirtschaftsweise, in der alle Stakeholder ihre Verantwortung gerne übernehmen.

Die Übernahme von Verantwortung hat auch für den Konsumenten große Bedeutung. Der moralische Druck, beim Einkauf im Supermarkt, die Umwelt-, Tier- und Regenwald-schädlichen Produkte zu vermeiden, ist erheblich. Das Thema Soja verunsichert die Menschen nach wie vor. Und das ist nachvollziehbar. Denn in der Soja-Welt ist vieles nicht in Ordnung. Nur: Die Sojapflanze kann nichts dafür. Wenn man ihre Eigenschaften kennenlernt, ihre Vorteile richtig einschätzen kann, wird schnell klar: Mit der kleinen Bohne kann der Weg zur klimafreundlichen Ernährung gelingen.

KAPITEL 12

WER REGIERT
DIE SOJABOHNE?

1. Das Prinzip der relativen Vorzüglichkeit

Rein kapitalistisch motiviert würde man sagen, jede Landwirtschaft soll das Getreide anbauen, mit welchem sie am meisten
Ertrag erreicht, und die anderen Sorten austauschen. Das hätte
zur Folge, dass in verschiedenen Gegenden nur ein oder zwei
Sorten wachsen würden.

In manchen Gebieten der Welt gibt es gute Bedingungen für
Mais und Weizen, etwa in Europa. Hier erzielt Europa sogar im
Vergleich zu Amerika die weltweit größten Erträge. Davon aus-
gehend könnte man fordern, dass in Europa nur noch Weizen
und Mais angebaut werden sollen. Andere Staaten, die etwa der
Sojabohne günstigere Bedingungen zu bieten haben, sollen hingegen nur Soja anbauen, um danach die Waren an die jeweilige
Gegenseite zu liefern. Das wäre das Prinzip der relativen Vorzüglichkeit. Bloß: Die Natur funktioniert so nicht.

Die Natur braucht Vielfalt und keine Einfalt. Die wirtschaftlichen Kräfte wirken aber in diese Richtung. Hinzu kommen
noch das Agrarsubventionssystem und die relative Vorzüglichkeit. Eine weitere Variable dieses Systems sind die großen Unternehmen, die von dieser Arbitrage, ihrem Wissensvorsprung, profitieren. Wenn eine Firma weiß, dass es in diesem oder jenem

Land zu einer Missernte kommen wird, und sich zuvor mit großen Mengen dieses Guts eindeckt, dann kann sie danach, wenn die Missernte stattfindet und die Preise steigen, sehr viel Geld verdienen. Diese Konzerne leben von ihrem Wissensvorsprung und erfüllen zugleich eine globale Funktion, weil sie große Mengen an Gütern über den Erdball transportieren und auch dafür sorgen, dass es zu keinen Totalausfällen kommt. Zu positiv darf man das jedoch nicht bewerten.

Diese großen Konzerne haben kein Interesse an vielfältiger Ernährungssouveränität, weil sie dadurch ihre Rolle einbüßen würden. Wenn jedes Land alles selbst anbaut, was es an Nahrung braucht, dann würde der internationale Handel überflüssig. Eine Welt ohne Handel ist andererseits aus vielerlei Gründen nicht zu befürworten. Auch könnten Lebensmittelkrisen nicht mehr ausgeglichen werden.

Vermutlich tut auch ein neuer Regionalitätsbegriff not. Wer sich etwa darüber beschwert, dass ein Wiener Supermarkt Walnüsse aus Ungarn anbietet und das doch nicht regional sei, pflegt vielleicht eine etwas zu enge Begriffsdefinition von Regionalität. Denn ein kurzer Blick auf die Landkarte zeigt deutlich, dass es als Wiener Handelsunternehmen doch wesentlich »regionaler« ist, Walnüsse aus Ungarn und nicht aus Tirol zu kaufen.

Ein solcher Ernährungsnationalismus ist zu kurz gedacht. Es wird in Österreich als Skandalon empfunden, wenn ungarische Äpfel im Supermarkt angeboten werden. Andererseits werden im Oktober in österreichischen Bio-Supermärkten Äpfel aus Neuseeland verkauft. Umgekehrt exportieren die österreichischen Apfelbauern nach China. Sie haben dort riesige, 2.000 Quadratmeter große Messestände und propagieren steirische Äpfel in Peking. Zur gleichen Zeit problematisiert die österreichische

Landwirtschaftskammer den Verkauf ungarischer Äpfel im Supermarkt mit einer groß angelegten Kampagne.

Denkt man die Forderung nach absoluter Regionalität zu Ende, steht es schlecht um unseren Morgen-Espresso, die Nachmittagsbanane und den Abend-Kakao.

Bei der Entwicklung der relativen Vorzüglichkeit ist man jedoch zu weit gegangen. Die systemischen Grenzen wurden ignoriert. Die Natur kann nicht nur mit einem Ein- oder Zwei-Fruchtfolgesystem arbeiten. Daraus entstehen zu viele negative Effekte, ökonomisch wie ökologisch. Die Erträge steigen nicht mehr, obwohl sich die Züchtung weiterentwickelt. In der Praxis werden Systemgrenzen erreicht. Schädlinge treten auf, die dann bekämpft werden müssen – das System ist überreizt.

Deshalb muss der nächste Schritt hin zu einer Landwirtschaft gemacht werden, die vielfältiger und bunter ist. Der ökologische Kollaps liegt vor uns, auch in Europa. Ein deutliches Warnsignal ist das massive Sterben nicht nur der Bienen, sondern auch aller anderen Fluginsekten. Wer heute Auto fährt und in früheren Jahrzehnten Auto gefahren ist, wird sich daran erinnern, dass in den Sommernächten früherer Zeiten die Windschutzscheibe voller Insekten war. Einmal über Land und schon war eine Reinigung fällig. Heute ist das nicht mehr der Fall, schon lange nicht mehr. Dieser Prozess wurde kaum wahrgenommen, die deutlichen Zeichen des Wandels hat man ignoriert.

Man kann nicht mehr drumherum reden: Der Effizienzgedanke in der Landwirtschaft wurde zu weit getrieben. Die Natur hat keine Räume mehr – keine Räume für blühende Wiesen, die Zwischenräume sind verschwunden. Die Landschaft ist aufgeräumt und eine landwirtschaftliche Produktionsstätte geworden, in der natürliche, vom Menschen unbearbeitete Lebensbereiche keinen Platz mehr haben. Dabei kann es nicht mehr um ein Entweder-Oder, eine Rückkehr in die Vergangenheit, eine Verteufelung des Handels, nicht einmal mehr um Autarkie an sich gehen.

Es gibt tatsächlich die Forderung, Europa müsse autark sein. Aber warum? Natürlich ist eine Situation der totalen Abhängigkeit Europas von Importen nicht wünschenswert. Klarerweise darf eine Situation, in der die Bevölkerung verhungert und Tiere geschlachtet werden müssen, weil es kein Futter mehr gibt, nicht entstehen. Aber mehr Vielfalt auf den Feldern, in der Folge höhere Resilienz für das gesamte System und letztlich größere Unabhängigkeit ist von großer Bedeutung.

Dies gilt es auch zu berücksichtigen, wenn ein Soja-Übermaß in einer Region drohen würde. Wenn auch in unseren Breiten damit begonnen würde, Soja-Monokulturen aufzubauen, wäre nichts gewonnen. Denn der Erfolg der Landwirtschaft mit Soja hängt letztlich davon ab, wie es in der Fruchtfolge eingesetzt wird, wie gepflanzt und produziert wird und in welchem System. Das darf nicht aus den Augen verloren werden.

2. Blair-House-Agreement

Nach dem Zweiten Weltkrieg schloss die US-Regierung verschiedene Agrarhandelsabkommen mit europäischen Staaten. Dabei bestand sie darauf, dass die Europäer keine Zölle auf Ölsaaten einheben und auch keine Förderungen für Ölsaaten ausschütten dürften. Die Amerikaner machten das bewusst, als Art Reparation für den Zweiten Weltkrieg, und es war auch Teil des Marshallplans, der Europa beim Wiederaufbau geholfen hat.

Die USA erwarteten sich durch den Export von Ölsaaten und Ölfrüchten nach Europa eine langfristige Einnahmequelle. Das Clevere daran – aus amerikanischer Perspektive – war, dass die Europäer Weizen für den Export produzierten und im Gegenzug ein verarbeitetes Produkt, nämlich Sojaschrot, importierten.

Die Ölsaaten werden zu einem Großteil bereits in jenen Ländern entölt, in denen sie hergestellt werden. Das schafft Arbeitsplätze in den jeweiligen Staaten. Nur die Chinesen machen es anders, weil sie wie bereits erwähnt ausschließlich unverarbeitete, vollständige Bohnen einführen und diese selbst verarbeiten.

Das Blair-House-Abkommen hat wesentlich dazu beigetragen, dass es zu dieser schwierigen Situation gekommen ist. Die EU-Staaten und auch die EU selbst konnten den Anbau von Soja nicht fördern. Inzwischen ist das obsolet, weil die EU keine Förderung für bestimmte Kulturen mehr verteilt, keine Produktionsförderung, sondern Förderungen für ökologische Leistungen. Es gibt noch gekoppelte Zahlungen, doch die machen nur einen sehr kleinen Teil des Agrarbudgets aus. Der frühere EU-Landwirtschaftskommissar Franz Fischler hat das während seiner Amtszeit zugunsten ökologischer Leistungen umgestellt. Auch diese Maßnahme ermöglicht es, Produkte günstiger anzubieten. Sobald der Landwirt Förderungen erhält, kann er seine Produkte günstiger verkaufen. Auch die Agrarförderungen, so wie sie jetzt aufgebaut sind, fördern letztlich billige Produkte. Getreide wird so auf dem Markt sehr günstig.

Das Blair-House-Abkommen wurde in den 1990er-Jahren mit der alten EU, im Rahmen der Uruguay-Runde, festgelegt. Es regelt auch die Obergrenze für Sojaschrotäquivalente. Die EU hatte vor der Erweiterung noch nicht genug Agrarflächen für Ölsaaten. Sie musste zusehen, genug Weizen und Mais anbauen zu können. Doch mit der Osterweiterung, dem Zugewinn der großen Flächenstaaten wie Bulgarien, Rumänien und Polen, verdoppelten sich die Ackerflächen der Europäischen Union. Spätestens da wäre die Zeit reif gewesen, um dieses Abkommen als obsolet zu erkennen und zu eliminieren. Das geschah aber nicht, sondern das Blair-House-Agreement wurde sogar noch weiter von den großen Flächenstaaten übernommen, auch von osteuropäischen Staaten, wo Sojabohnen sehr gut wachsen. Das ist politisch hochbrisant. Es zeigt sich immer wieder, dass die USA ein starkes Interesse an diesem Thema haben. Die USDA, das US-amerikanische Landwirtschaftsministerium, erstellt die weltweiten Marktberichte über die Entwicklung von Pflanzen, Produkten und Preisen und berichtet massiv über Donau Soja. Unsere Arbeit wird genau beobachtet und verursacht auch eine gewisse Beunruhigung. Bei politischen Treffen mit europäischen Ministern war sehr oft der US-Botschafter oder zumindest der Agrarattaché anwesend.

Diese Situation hat sich ein wenig entspannt, weil die USA nicht mehr exklusiv Soja nach Europa exportieren. Vor allem Argentinien und Brasilien haben große Mengen übernommen. Doch die Europäische Union nimmt das Thema nicht ausreichend in ihren Fokus. In den Anfängen von Donau Soja stellte sich schnell heraus, dass Soja bei der Wiedervereinigung Europas in der Landwirtschaft eine strategisch bedeutende Rolle spielen könnte. Es gab über Jahrhunderte innereuropäische landwirtschaftliche Beziehungen. Agrarüberschüsse der östlichen Staaten wurden Richtung Westen exportiert, bis dieser Austausch durch den Eisernen Vorhang unterbunden wurde.

Soja ist das einzige Agrargut, das wir derzeit wirklich aus Osteuropa brauchen, und deshalb ist es besonders interessant, dass niemand darüber diskutieren will. Weder die National-staaten noch deren Landwirtschaftsminister, die offensichtlich nur an die Landwirtschaft in ihrem eigenen Land denken.

3. Kastldenken 1

In der EU ist das Thema auf verschiedene Abteilungen und ver-schiedene Kommissare verteilt. Vielleicht gibt es dort deshalb niemanden, der strategisch all diese Dinge zusammendenkt, nie-manden, der die Verbindungen zwischen Landwirtschafts-politik, Handelspolitik, Technologiepolitik und Gentechnik her-stellt. All diese Aspekte spielen eine große Rolle im Sojabereich. Die Grundannahme, dass sich viele in Brüssel für einen Soja-anbau in Europa stark machen würden, war ein Irrtum. Auch mit massiven Investitionen Deutschlands in Osteuropa war zu rech-nen. Aber auch daraus ist nichts geworden.

Donau Soja ist die Organisation, die alle Aspekte berücksich-tigt und zusammenführt. EU-seitig geschieht das nicht. Wenn die Politik an den Donauraum denkt, geht es zunächst meistens um die Donau als Wasserstraße. Diese soll aufgewertet werden, was aber umgehend geschehen würde, wenn das westliche Europa mehr Soja aus Osteuropa auf dem Wasserweg exportieren würde. Die Schifffahrt wäre ein großer Profiteur, die Eisenbahn ebenso. Das könnte einen Investitionsschub nach sich ziehen, weil viel In-frastruktur notwendig würde: Silos, Mühlen und weitere Verar-beitungsanlagen.

Soja könnte ein Jobmotor für die ländlichen Räume in Ost-europa sein, die dringend Investitionen brauchen, um die enorme Abwanderung in die Städte und ins Ausland zu unterbinden. In manchen Regionen liegt die Jugendarbeitslosigkeit bei 30 Prozent wie etwa in Slawonien, das nicht weit weg von uns ist. Die dortige Abwanderungsquote während der letzten 20 Jahren liegt ebenfalls bei 30 Prozent. Man sieht entvölkerte Landstriche und auch immer leerere Städte.

Doch wenn nur national gedacht wird, bleiben solche Investitionen aus. Eine Landwirtschaftsministerin in Österreich ist vor allem Klientenpolitikerin für die eigenen Bauern und entwickelt keine überregionale Strategie zum regionalen Wohl aller Betroffenen. Strategisches Interesse fehlt, dafür gibt es jede Menge »Kastldenken«. Jeder hat ein eigenes Kästchen und ist nur für das zuständig. Das Kästchen des nächsten will man gar nicht erst aufmachen.

4. Kastldenken 2, Gentechnikfreiheit

Donau Soja wurde kurz nach dem EU-Beitritt Rumäniens gegründet. Dort war der Sojaanbau unter Ceausescu eine wichtiges Ziel. Das Land wollte autark werden, exportieren und baute große Mengen Soja auf 600 000 Hektar Land an. Das ist ungefähr die zehnfache Sojaanbaufläche Österreichs. Die riesigen Felder warfen riesige Erträge ab. Man produzierte Sojawurst und eine ganze Reihe anderer Sojaprodukte für den Export. Auch Fleisch wurde exportiert, was die Rumänen selbst nicht freute. Nach der Wende wurde das Land aufgeteilt. Die Kolchosen wurden wieder zu Privatbesitz, was zu einer unglaublichen Zerstörung von staatlichem und gesellschaftlichem Eigentum führte. Rumänien war zu einem großen Teil bewässert. Bewässerungsanlagen mit enormen Pumpstationen und Leitungen verliefen wie ein Netz über das Land und als es neu aufgeteilt wurde, folgten die Probleme auf den Fuß. Rohre, die plötzlich durch Felder in neuem Eigentum verliefen, schnitt man einfach weg. Innerhalb weniger Jahre wurde das gesamte Bewässerungssystem zerstört. Darüber hinaus sind viele rumänische Vermögenswerte und Restbestände von ausländischen Konzernen übernommen worden. Übrig blieben bei den Rumänen Wut und Nostalgie, was aufgrund der Größe des Verlusts nachvollziehbar ist.

Mit dem Ende des Kommunismus verfiel der Sojaanbau in Rumänien. Die Produktion von Gentech-Soja wurde mithilfe von Konzernen wie Monsanto unterstützt und zugelassen. Als Rumänien der EU beitrat, nahm man den Bauern diese Risiko-Technik wieder weg. Es wurde erneut ein Verbot ausgesprochen. In der EU ist Gentechnik in der Landwirtschaft nicht explizit verboten, aber entsprechende Sorten sind nicht zugelassen. Die rumänischen Landwirte waren böse auf die EU, weil sie ihnen die einfache und praktische Technologie wieder weggenommen hatte, der Sojaanbau wurde daraufhin mehr oder weniger aus Trotz zur Gänze eingestellt.

Ich selbst wurde auf einer Bauernversammlung in Rumänien beschimpft und Trottel genannt. Dort wollte man »ordentliches Gentech-Soja«, weil damit ja alles viel einfacher ginge.

Nach dieser Erfahrung wollte ich die EU darauf hinweisen, mit der Ukraine diesbezüglich anders umzugehen. Denn die Ukraine steckt jetzt gerade in genau diesem Prozess. Das Land hat eine neue Gentechnik-Gesetzgebung, trotzdem wird Gentech-Saatgut angebaut, weil der Staat es nicht kontrolliert. Ich habe der EU mitgeteilt, dass man sich nie weiter an Osteuropa wird annähern können, wenn darauf nicht aufgepasst wird. Die Landwirtschaft ist der wichtigste Wirtschaftszweig in diesen Ländern. Wenn ukrainische Oligarchen, Großkonzerne und all die einflussreichen Machthaber jetzt legal Gentechnik einsetzen dürfen, wird es sehr schwer, sie ihnen später wieder wegzunehmen. Wenn man diesen Weg geht, wird man mit neuen Ressentiments gegenüber der EU zu rechnen haben.

Der Landwirtschaftskommissar in Brüssel ist nur für die EU zuständig, alles andere fällt unter die Rubrik »Handel« – den Handel betreffend sind für die EU aber Brasilien und die Ukraine dasselbe. Da wird nicht differenziert. Zwar existiert eine Ostpartnerschaft mit der Ukraine, aber in dieser geht es um andere Themen. Evident ist die Angst vor den USA, sowohl in Brüssel als auch bei uns. Allein über eine Regulation des Imports von Soja sprechen zu wollen, führt offenbar zu solch großen Ängsten: »Wir sind doch Export-Weltmeister, und wenn wir Soja regulieren, dann importieren die anderen keine Autos mehr, und dann sind wir am Ende«. Diese Gedanken kommen schnell und heftig. Kurzum, das Sanktionsgespenst ist immer auf Abruf.

5. Neues Schlagwort: »Entwaldungsfreie Lieferketten«

Ein neues Schlagwort geht um und es lautet: »Entwaldungsfreie Lieferketten«. Die EU musste feststellen, dass sie für die Entwaldung der Welt, für alle Landnutzungsänderungen, mitverantwortlich ist. Wenn ein Moor zerstört wird oder eine Savanne, dann ist das genauso schlecht wie die Rodung von Urwäldern. Zu diesem Thema gibt es derzeit mehrere Initiativen unter dem Überbegriff *Due Diligence*. Der Käufer des landwirtschaftlichen Produkts soll dafür verantwortlich gemacht werden, nachzuweisen, dass das von ihm gekaufte Produkt keinen Schaden verursacht oder ausgelöst hat – weder innerhalb noch außerhalb der EU.

Die EU soll zukünftig nicht mehr für weitere Entwaldungen verantwortlich sein. Deshalb wird festgelegt, dass nur noch Soja oder andere Commodities importiert werden dürfen, für die keine Entwaldung oder Landnutzungsänderung stattgefunden hat. Die entscheidende Frage ist jedoch, von welchem Datum an man zu rechnen beginnt.

Bei Donau Soja haben wir als Cut-off-date das Jahr 2008 festgelegt. Das heißt, alles, was ab 2008 nicht als landwirtschaftliches Land gewidmet war, darf nicht für die Produktion von Donau Soja verwendet werden, was auch kontrolliert wird. Die EU will als Cut-off-date 2020 festlegen. Das würde bedeuten, dass alle Entwaldungen der letzten Jahre automatisch legalisiert würden. Aus Sicht von Donau Soja und von vielen anderen, die schon lange für Standards wie Entwaldungsfreiheit kämpfen, ist das ein dramatischer Rückschritt. Damit würde illegale Entwaldung, die in den letzten zehn Jahren passiert ist, nicht nur nicht sanktioniert, sondern auch noch belohnt werden.

Bei Biodiesel gibt es diese Regulierungen schon lang. Eine Nachhaltigkeitszertifizierung ist der Nachweis, dass Biodiesel nicht aus Raubbau stammt, damit nicht ein Übel durch das andere ersetzt wird, zum Beispiel Erdöl durch Palmöl aus dem Regenwald. Hier gibt es solche Regelungen schon lange, bei Nahrungsmitteln gibt es sie noch nicht. Im Prinzip hat die EU bisher keine gesetzlichen Anforderungen zur Einhaltung von Regeln für den Import von Commodities.

6. Riesenbusiness Sojabohne

Die Sojabohne ist ein gewaltiges Business. China ist der weltgrößte Importeur von Sojabohnen. Europa importiert den meisten Sojaschrot, insgesamt jedoch nur noch die Hälfte des Volumens von China. Das Umweltbewusstsein in China ist noch im Entwicklungsstadium. Das Hauptthema der Regierung in Peking ist immer noch die Ernährungssicherheit. Soja spielt hier eine wesentliche Rolle. Chinas Ziel ist es, die Selbstversorgung mit Reis zu erreichen. Bei Soja wurde dieses Ziel aufgegeben. Das Land importiert 100 Millionen Tonnen pro Jahr. Während Ernährungssicherheit das eine große Thema ist, verordnet man sich in China strenge Regeln zur Nahrungsmittelhygiene.

Es gilt zu vermeiden, dass bestimmte Schädlinge eingeschleppt werden oder dass die Sojabohne gesundheitsschädliche Stoffe enthält. Die Nahrungsmittelproduktion in China ist an sich gentechnikfrei, zumindest offiziell. Für Tofu, Sojamilch und alle anderen Sojaprodukte werden in China ausschließlich gentechnikfreie Sojabohnen verwendet, die entweder aus eigenem Anbau oder aus importiertem gentechnikfreien Anbau stammen.

Für Tierfutter wird auch gentechnisch verändertes Soja importiert. In der Wahrnehmung der chinesischen Öffentlichkeit ist zu beobachten, dass Themen wie Klimaschutz und Nachhaltigkeit eine immer größere Rolle spielen. Kampagnen wie die vom WWF hierzulande in den 1980er-Jahren, etwa zum Schutz von Wildtieren, stehen gegenwärtig in China im Vordergrund. Die Tierschutz-Aspekte der Haifischflossensuppe werden inzwischen breit diskutiert. Man will nicht mehr, dass Haie sterben. Die Traditionelle Chinesische Medizin arbeitet weiterhin mit Rezepturen, deren Inhaltsstoffe von Wildtieren stammen. Auch dies wird debattiert, prominente Persönlichkeiten aus dem Sport und Social-Media-Stars machen Kampagnen zum Schutz der Tiere. Tierschutz bei Haustieren, Nutztieren oder gar in der Massentierhaltung ist aber noch kein Thema der öffentlichen Diskussion.

Hier ein klares Bild zu finden, ist nicht einfach. Gerade die jungen Chinesen haben ein sehr ähnliches Wertesystem wie die europäische Jugend. Beim Thema Ökologie ist die Entwicklung noch nicht so fortgeschritten. Spricht man in China über das Thema Soja, dann ist die chinesische Position stets: »Wir müssen unsere Leute ernähren, wir können uns höhere Standards nicht leisten. Wenn wir so kritisch werden, dann steigen die Preise, und wir bekommen ein Problem mit der Ernährung der Bevölkerung«.

Im Rahmen der letzten großen UNO-Konferenz zur Biodiversität hat die chinesische Delegation festgehalten, dass man mittelfristig plane, entwaldungsfreie Produkte zu kaufen. Donau Soja setzt sich zum Ziel, gemeinsame europäisch-chinesische Mindeststandards für den Import von Soja zu entwickeln.

China ist vor allem daran interessiert, seine Macht auf dem Weltmarkt als Käufer des Rohstoffs zu stärken. Donau Soja möchte den Aspekt der Nachhaltigkeit in diesem Prozess stärken. Donau Soja pflegt eine langjährige Kooperation mit der chinesischen Akademie für Landwirtschaft sowie Kontakte zu und regelmäßigen Austausch mit dem Landwirtschaftsministerium, dem Handelsministerium, dem Umweltministerium, mit NGOs und mit den Sojaproduktionsgebieten in den Provinzen. Gerade die Sojaproduktionsgebiete haben ein tiefgehendes Interesse an der stärkeren Regelung des Imports, weil es sehr viel Billigkonkurrenz aus Übersee gibt. Die europäischen und die chinesischen Bauern haben das Problem, dass dieses importierte Billigsoja aus nicht nachhaltiger Produktion die Produktion in den eigenen Ländern erschwert.

KAPITEL 13

DIE SOJABOHNE –
EIN AUSBLICK

Im September 2022 feiern wir den zehnten Geburtstag von Donau Soja. Im Jahr 2023 begehen wir das 150-jährige Jubiläum von Soja in Europa. Die kleine Sojabohne ist immer noch ein Fremdkörper. Sie zu einer echten Europäerin zu machen, wird eine wichtige Aufgabe der nächsten Jahrzehnte sein. Eine Pflanze selbst kann nie gut oder schlecht sein, nur die Art, sie anzubauen und zu verändern. Ich lade Sie ein, eine Sojabohne in Ihrem Garten oder in einen Blumentopf zu setzen. Es gibt sie in jedem Biomarkt oder bei einer Saatgutfirma zu kaufen. Wenn man sie in die Erde drückt und es etwas wärmer wird, beginnt sie zu keimen. Schauen Sie der kleinen Pflanze beim Wachsen zu, wie sie sich langsam aus dem Boden herauskämpft, blüht und größer wird. Ist man dann mit offenen Augen in der Landschaft unterwegs, wird man Sojapflanzen viel häufiger wahrnehmen und erkennen. Diese Bekanntschaft lohnt sich. Denn die Sojabohne steht im Zentrum der Ernährungs- und Klimadiskussion. Sie ist ein Teil des Problems, und ein Teil der Lösung desselben.

Angesichts der ungeheuren Dimension des Themas, der Herausforderungen und Probleme im Bereich der Landwirtschaft und Ernährung – vom Klimawandel über den Verlust an Biodiversität und die Reduktion der Vielfalt am Teller bis zur Dominanz weniger Konzerne – könnte man als Einzelner resignieren, die Hände in den Schoss legen und einfach weitermachen wie bisher. Aber Essen geht uns nahe, näher als fast alles andere in unserem Leben. Es ernährt uns nicht nur – es kann uns krank, aber auch gesund machen. Es ist ein zentrales Element von Freundschaft, Familie und Nähe. Durch das, was wir essen, entscheiden wir täglich, wie die Welt um uns herum aussieht.

Essen ist politisch, emotional und berührend. Die dahinter stehende Landwirtschaft ist eine Kulturlandschaft. Wenn wir richtig essen, dann leisten wir einen Beitrag, um die Kultur in die Landschaft zurückzubringen.

Aber wir Konsumenten können nicht allein die Last der Verantwortung tragen. Dafür sind die Zusammenhänge zu komplex. Wenn wir einkaufen gehen, wollen wir an unser Abendessen denken, nicht an den Regenwald oder an gequälte Tiere. Wir müssen uns darauf verlassen können, dass das Angebot nicht nur für uns sicher und wohlschmeckend ist, sondern für alle, die mit dessen Herstellung befasst waren – sowohl für die Menschen als auch für die Umwelt. Das bedeutet, dass die Anbieter von Nahrungsmitteln – vom Supermarkt bis zu den Markenherstellern und Fastfood-Ketten – in die Verantwortung zu nehmen sind. Sie müssen sicherstellen, dass sie ihrer Verantwortung für das Klima und die Umwelt nachkommen. Das wird nur durch genaue Beobachtung, Druck und Streit möglich sein. Es wird strenge Gesetze geben müssen. Wir alle werden lernen müssen, dass die Ära des Billigessens, des Billigfleisches vorbei ist, vorbei sein muss. Die knappen Ressourcen der Erde müssen besser bepreist werden, externalisierte Kosten müssen internalisiert, das heißt, in den Preisen der Produkte enthalten sein. Kostenwahrheit wird den größten Einfluss auf unsere Konsumentenentscheidung haben. Wir werden alte Rezepte wiederentdecken.

Wenn das Schnitzel plötzlich zehn Mal so viel kostet, werden wir Gemüse, Getreide und Bohnen wieder mehr schätzen und mit mehr Sorgsamkeit kochen. Wir würden wieder lernen, Umami in vegetarische Gerichte zu bringen, oder Fleisch zum Würzen von Gemüse verwenden.

Die Zeichen der Zeit sind unmissverständlich: Es gilt, Tierquälerei, die Abholzung von Regenwäldern, die Ausbeutung der Meere und Menschen ein für alle Mal zu beenden. Es geht. Wir haben die Systeme für eine andere Form des Wirtschaftens. Jedes Unternehmen muss heute selbst vorangehen und nicht mehr warten, bis andere es tun. Wir müssen Ihnen begreiflich machen, dass ihre Passivität Konsequenzen hat. Es gibt viele Wege, das zu tun. Unternehmen werden hellhörig, wenn sich auch nur wenige Konsumenten mit Kritik oder Anmerkungen melden. Aufmerksamkeit hilft, Druck aufzubauen.

Regierungen und auch die EU müssen stärker agieren, um eine tier- und menschenfreundliche Landwirtschaft zu etablieren. Auch das wird Geld kosten. Aber Nichtstun ist keine Alternative. Das Thema muss immer wieder aufs Tapet gebracht werden.

Das Wichtigste ist aber das Bewusstsein, dass wir nicht nur durch unsere Kaufentscheidung und durch Druck auf Unternehmen und Regierungen etwas erreichen können. Wir können uns zusammentun und gemeinsam für den Wandel arbeiten. Denn wir alle leiden mehr oder weniger bewusst darunter, dass die Welt in die falsche Richtung läuft. Aktiv zu werden, ist das beste Mittel, um etwas zu verändern und persönlich mehr Freude am Leben zu haben. Meine Erfahrung ist die, dass es enorm erfüllend ist, gemeinsam etwas zu tun, Beziehungen aufzubauen, Menschen als Partner zu gewinnen, Ideen zum Leben zu erwecken.

Die Sojabohne ist klein, aber wenn wir sie richtig nutzen, kann sie groß werden und mithelfen, unsere Welt zum Besseren zu wenden.

DANKSAGUNG

Dieses Buch ist das Ergebnis von Gesprächen mit Menschen, die ich auf meinem Weg von Großmutters Küche in Salzburg bis heute kennengelernt habe. Es ist all jenen gewidmet, die mich begleitet haben, die mir widersprochen haben, die mich gelehrt haben.

Mein Einstieg in die Milchwirtschaft und damit in die Sojawelt verdanke ich meinem langjährigen Freund Fred Kranich, der mich ins wunderbare Südburgenland gebracht hat. Die Mitgründer der Mona – neben Fred Kranich sind dies Peter Garherr und Wolfgang Goldenitsch – waren wichtige Weggefährten und Partner auf diesem Weg.

Donau Soja war eine Idee, die in der Luft lag. Ich hatte das große Glück, Katalysator dieser großartigen Gemeinschaft werden zu dürfen. Die Mitgründer des Vereins Soja aus Österreich waren die ersten Geburtshelfer. Die politischen und wirtschaftlichen Unterstützer der ersten Stunde waren für das Gelingen der Idee von entscheidender Bedeutung. Viele begleiten uns heute noch. Meine Dankbarkeit gilt jedem von ihnen.

Ich möchte namentlich nur einige wenige Kollegen erwähnen, die Donau Soja zu dem gemacht haben, was es heute ist. Allen voran Uschi Bittner, die den Verein mitgegründet, inspiriert und wesentlich mitgeprägt hat. Susanne Fromwald, die mich bis heute als zentrale und kluge Beraterin und Partnerin bei der Entwicklung des Vereins berät und begleitet. Stephan Dorfmeister, der sich selbst zur Verfügung gestellt hat, um Donau Soja wirtschaftlich und organisatorisch zu stärken. Meine Assistentin Elisabeth Berger, die mich seit Jahren »organisiert« und unterstützt. Daneben danke ich vielen engagierten Kollegen in Österreich, Rumänien, der Ukraine, Moldawien und Serbien für ihren Einsatz.

Das vorliegende Buch ist vor allem die Leistung von Verena Stauffer, die in sehr kurzer Zeit in das Thema hineingesprungen ist und den Schreibprozess dialogisch entwickelt hat. Ich bin sehr dankbar dafür. Viele Kollegen bei Donau Soja haben beigetragen und mitgearbeitet, allen voran Axel Grunt, Franko Petri, Leopold Rittler und Elisabeth Berger. Zuletzt danke ich dem Verlag und vor allem Bettina Stimeder für ihre Geduld mit einem Erstautor, und das gute Lektorat. Alle Fehler sind die meinen.